現場の疑問に答える

会計シリーズ❾

Q&A 外貨建取引の会計実務

EY新日本有限責任監査法人［編］

発刊にあたって

日本企業を取り巻く経済情勢は，グローバル化のさらなる進展とともに，各国間の貿易問題，人口減少等のさまざまな問題が発生し，難しいかじ取りが必要な時代となっています。

一方，企業会計の分野においては，国際会計基準（IFRS）の任意適用企業が2019年11月現在で200社を超えるなど，会計の国際化が進展しています。日本の会計基準においても「収益認識に関する会計基準」が企業会計基準委員会より2018年３月に公表され，2021年４月１日以降開始する事業年度より全面適用されることになるなど，国際会計基準および米国会計基準とのコンバージェンスが進んでいます。

このような中，EY新日本有限責任監査法人は，「現場の疑問に答える会計シリーズ」を刊行することとしました。本シリーズは棚卸資産，固定資産，金融商品，研究開発費・ソフトウェア，退職給付，税効果，純資産，組織再編，外貨建取引等の各テーマにおける会計論点を全編Q&A形式で解説し，基本的な論点から最新の会計論点，実務で問題となる事項までわかりやすく説明しております。また，各巻に巻末付録として「IFRSとの差異一覧」と「Keyword」を設けて読者の皆様の便宜に供しております。

本「現場の疑問に答える会計シリーズ」はEY新日本有限責任監査法人の監査現場の経験が豊富な公認会計士が執筆しております。本シリーズが各企業の経理担当者の方々，また，広く企業会計を学ぼうとしている方々のお役に立つことを願っております。

2020年１月

EY新日本有限責任監査法人
理事長　片倉　正美

はじめに

ビジネスのグローバル化が謳われるようになってから，はや10年以上が経過しつつあります。その間，私たちを取り巻く経済環境は劇的に進歩を遂げました。当初のビジネスのグローバル化とは，人件費・製造費のコストダウンを求めた海外進出が主たる内容でしたが，近年ではインターネットの発達により，海外へのアクセスがより身近なものとなりました。また，インバウンドの増加により日本にいながら外国人向けのサービスを提供するなどグローバル化の定義も少しずつ変容していることが実感されます。そのような背景のなかで発生するさまざまな海外取引についても，どう会計で表していくか，ますます世間の関心が集まっていると考えられます。

本書は，外貨建取引に関する会計処理，貿易取引の仕組みを主なテーマとして，それぞれに関する基本的な事項および実務上の留意事項について，例題を交えながら解説しています。

また，会計のトピックのみならず，IFRS（国際財務報告基準）との相違点や，基本用語をまとめたKeywordも備え，経理実務を強力にサポートする１冊となっています。

最後に，本書の刊行にあたりご支援・ご協力をいただきました関係者の皆様に，心より感謝するとともに，厚く御礼を申し上げます。

2020年１月

EY新日本有限責任監査法人

執筆者一同

目　次

第1章　貿易実務と外貨建取引の経理

第2章　有価証券

第3章　在外支店・在外子会社等

第5章　ヘッジ会計②──有価証券・持分ヘッジ

巻末付録

凡例

法令，会計基準等の名称	略　称
財務諸表等の用語，様式及び作成方法に関する規則	財規
連結財務諸表の用語，様式及び作成方法に関する規則	連規
「外貨建取引等会計処理基準」（企業会計審議会）	外貨建取引会計基準
会計制度委員会報告第４号「外貨建取引等の会計処理に関する実務指針」	外貨建取引実務指針
企業会計基準第９号「棚卸資産の評価に関する会計基準」	棚卸資産会計基準
企業会計基準第10号「金融商品に関する会計基準」	金融商品会計基準
会計制度委員会報告第14号「金融商品会計に関する実務指針」	金融商品会計実務指針
「金融商品会計に関するQ&A」（会計制度委員会）	金融商品会計Q&A
企業会計基準第12号「四半期財務諸表に関する会計基準」	四半期会計基準
企業会計基準第15号「工事契約に関する会計基準」	工事契約会計基準
企業会計基準適用指針第18号「収益認識に関する会計基準の適用指針」	工事契約適用指針
企業会計基準第22号「連結財務諸表に関する会計基準」	連結会計基準
企業会計基準第24号「会計上の変更及び誤謬の訂正に関する会計基準」	過年度遡及会計基準
企業会計基準第29号「収益認識に関する会計基準」	収益認識会計基準
企業会計基準適用指針第30号「収益認識に関する会計基準の適用指針」	収益認識適用指針
会計制度委員会報告第７号「連結財務諸表における資本連結手続に関する実務指針」	資本連結実務指針
会計制度委員会報告第９号「持分法会計に関する実務指針」	持分法実務指針
実務対応報告第38号「資金決済法における仮想通貨の会計処理等に関する当面の取扱い」	仮想通貨の取扱い

第1章

貿易実務と外貨建取引の経理

Point

- 貿易取引の条件はさまざまであり，リスクが移転する時点に合わせて売上を計上します。
- 外貨建取引会計基準の適用範囲は，通常の営業取引のみならず，金融商品や在外子会社等の換算等，多岐にわたり，取引に応じて異なる会計処理が求められます。
- 基本的に，取引発生時には取引時の為替相場，決算時には決算日の為替相場で円換算し，決済・換算差額は為替差損益として純額で表示します。

Q1-1 外貨建取引の定義

Q	外貨建取引の定義，および外貨建取引会計基準の適用範囲を教えてください。
A	外貨建取引とは売買価額その他取引価額が外貨表示されている取引を指し，外貨建取引会計基準の適用範囲は，通常の営業取引のみならず，金融商品や在外子会社等の換算等，多岐にわたります。

解 説

「外貨建取引等会計処理基準」(以下「外貨建取引会計基準」といいます）および会計制度委員会報告第4号「外貨建取引等の会計処理に関する実務指針」(以下「外貨建取引実務指針」といいます）が適用される範囲は，通常の営業取引のみならず，金融商品や在外子会社等の換算等，多岐にわたるものであり，取引に応じて異なる会計処理が求められます。

外貨建取引会計基準注解（注１）に，外貨建取引の範囲は「売買価額その他取引価額が外国通貨で表示されている取引」と定義されており，以下の取引が例示されています。

① 取引価額が外国通貨で表示されている物品の売買または役務の授受

② 決済金額が外国通貨で表示されている資金の借入れまたは貸付け

③ 券面額が外国通貨で表示されている社債の発行

④ 外国通貨による前渡金，仮払金の支払いまたは前受金，仮受金の受入れ

⑤ 決済金額が外国通貨で表示されているデリバティブ取引等

なお，国内製造業者等が商社等を通じて輸出入取引を行う場合であっても，当該輸出入取引により生じる為替差損益をを国内製造業者等が実質的に負担する，いわゆるメーカーズリスク特約が付された取引は外貨建取引に含まれます。メーカーズリスクに関する処理については，Q1-7をご参照ください。

Q1-2 会計基準の概要

Q	外貨建取引会計基準の概要を教えてください。
A	解説に，会計基準の項目ごとに，簡単な説明と参照章を記載しました。

解説

１．外貨建取引

(1) 取引発生時の処理

原則として，取引発生時の為替相場により円換算します。

ただし，外貨建取引に係る外貨建金銭債権債務と為替予約等との関係が，金融商品会計基準におけるヘッジ会計の要件を満たしている場合はヘッジ会計を適用することができます。ヘッジ会計については第４章および第５章をご参照ください。

(2) 決算時の処理

① 換算方法

(a) 外国通貨

決算時の為替相場により円換算します。

(b) 外貨建金銭債権債務等

債権債務およびこれに準ずるもの等には以下の３つがあります。

- 金銭債権債務（例：売掛金・未払金）
- 金銭債権債務に準ずるもの（例：未収収益・未払費用）
- その他の資産負債（例：前渡金・前受金）

外貨建金銭債権債務については，円貨額では為替変動リスクを負っていることから，決算時の為替相場により円換算します。

前渡金・前受金については，金銭の受払いはすでにされており将来の為替変動リスクがないため，金銭授受時の為替相場による円換算額を付し，決算時での換算替えは不要です（外貨建取引実務指針25）。ただし，取引の一部が前渡金または前受金の場合で，営業利益および経常利益に重要な影響を及ぼさない場合には，取引高全額を取引発生時の為替相場により換算し，換算差額を為替差損益として処理することができます（外貨建取引実務指針26）。

未収収益・未払費用の見越勘定は，将来の外貨受取り・支払いがあることから外貨建金銭債権債務に準じて決算時の為替相場により円換算します（外貨建取引実務指針27）。対して前受収益・前払費用の繰越勘定は，前渡金・前受金と同様に金銭の受払いはすでにされており将来の為替変動リスクがないため，決算時での換算替えは不要と考えられます。

⒞　外貨建有価証券

詳細は第２章をご参照ください。

⒟　デリバティブ取引等

詳細は第２章をご参照ください。

⒠　外貨建自社新株予約権

発行時の為替相場により換算します。決算時での換算替えは不要です。

⒡　保証債務の注記

決算時の為替相場により換算します。

②　換算差額の処理

決算時における換算差額は，原則として当期の為替差損益として処理します。詳細はＱ１-18をご参照ください。

⑶　決済に伴う損益の処理

外貨建金銭債権債務の決済によって生じた損益は，原則として為替差損益として処理します。詳細はＱ１-18をご参照ください。

２．在外支店の財務諸表項目の換算

詳細は第３章をご参照ください。

３．在外子会社等の財務諸表項目の換算

詳細は第３章をご参照ください。

Q1-3　取引発生時・決算時の為替相場

Q	取引発生時および決算時の為替相場はどのレートを用いればよいか教えてください。
A	原則として，取引時および決算日の直物為替相場（TTM等）を用います。

解 説

１．取引発生時の為替相場

外貨建取引は，原則として，当該取引発生時の為替相場による円換算額をもって記録（外貨建取引会計基準一１）することとされているので，取引のつど，取引の為替相場を把握する必要があります。しかし，実務上の煩雑性が生ずることが想定されることから，合理的な基礎に基づいて算定された平均相場等を用いることが認められています（外貨建取引会計基準注解（注２））が，継続して適用することが必要と考えられます。

外貨建取引が頻繁に行われている会社の中には，社内想定レートを設定し，月次決算時において会計基準等が求める為替相場による数値へ調整することにより，社内の業績管理および実務上の効率性向上を図っているケースもあります。この場合，外貨の為替相場は急激な変動が生ずることもあるため，原則の会計処理結果と大きく異なることがないように留意する必要があります。

なお，直物為替レートは，通常，金融機関が顧客と通貨を売買する際に適用される対顧客電信売相場（TTS），対顧客電信買相場（TTB），対顧客電信売買相場の仲値（TTM）が考えられますが，外貨建取引会計基準ではどのレートを採用すべきかは明示されていません。

２．決算時の為替相場

決算日の直物為替相場とされています。そのほか決算日の前後一定期間の直物為替相場に基づいて算出された平均相場を用いることができます。

用　語		定　義	例　示
取引発生時の為替相場	原則	取引が発生した日における直物為替相場，または合理的な基礎に基づいて算定された平均相場（外貨建取引会計基準注解（注２））。	合理的な基礎に基づいて算定された平均相場として，下記を例示。 •取引の行われた月の前月の平均 •取引の行われた週の前週の平均
	認められる方法	取引が発生した日の直近の一定の日における直物為替相場によることも妨げない（外貨建取引会計基準注解（注２））。	直近の一定の日における直物為替相場として下記を例示。 •取引の行われた月の前月の末日 •取引の行われた週の前週の末日 •取引の行われた月の初日 •取引の行われた週の初日
決算時の為替相場	原則	決算日の直物為替相場（外貨建取引会計基準注解（注８））	—
	例外	決算日前後の為替相場の変動状況から判断して，決算日の直物為替相場が異常と認められる場合にのみ，決算日の前後一定期間の平均相場を用いることができる。 上記の場合，決算日の直物為替相場と決算時に適用した平均相場を注記しなければならない。 （外貨建取引実務指針11）	決算日の前後一定期間とは，決算日を含む概ね１か月以内をいうが，為替相場の変動推移その他を考慮して合理的に判断すべきものである。 また，平均レートを用いる場合は，決算日の直物為替レートが異常である場合に限られることから，継続して適用することは要求されない。 （外貨建取引実務指針55）

Q1-4　外国為替相場の種類

Q	外国為替相場の種類にはどのようなものがありますか。
A	外国為替相場の種類は大きく分けて直物相場と先物相場があります。決済で使用される為替相場の種類は多数存在し，外貨建取引会計基準ではいずれのレートを用いるかは明示されていませんが，通常はTTS，TTB，TTMの使用が考えられます。

解　説

１．外国為替相場の種類

外国為替相場は市場の取引状況により変化します。為替相場には以下のようなものがあります。

⑴　直物相場（スポットレート）

直物（現物）を取引する場合に適用される相場です。外国為替取引で契約日から２営業日以内に資金の受渡しをする場合に適用される相場で，通常の為替相場はこの直物相場を指します。

⑵　先物相場（フォワードレート）

外国為替の予約レートです。外国為替取引で契約後の一定期日（２営業日目以降）に自国通貨と他国通貨の受渡しをする場合に適用される相場をいいます。

⑶　銀行間相場

銀行間で決定される相場で，すべての為替相場の基準となるものです。

⑷　対顧客相場

銀行が一般顧客（企業・個人）に対して提示する相場です。東京外国為替市場等で外国為替相場表の形で，毎営業日の朝に公表されているものです。

(5) 売相場

銀行が顧客に米ドル等を売る際に適用されるレートのことです。

(6) 買相場

銀行が顧客から米ドル等を買う際に適用されるレートのことです。

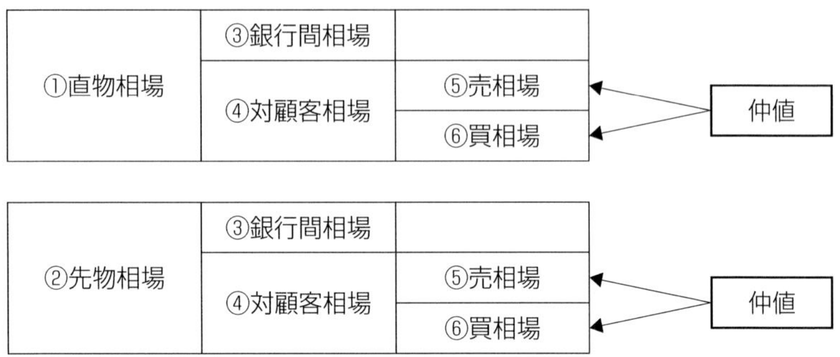

2．決済で使用される為替相場の種類

輸出入取引などの国際取引で決済される為替相場には，主に以下の(1)～(9)があります。

(1) 対顧客電信売相場（TTS：Telegraphic Transfer Selling rate)

銀行が顧客に外国為替を売るときに適用する為替相場の基本になるものです。TTSは，電信相場の仲値（TTM）に，事務手数料や売買マージンを加えたものです。

(2) 対顧客電信買相場（TTB：Telegraphic Transfer Buying rate)

銀行が顧客から外国為替を買うときに適用する為替相場の基本になるものです。TTSは，電信相場の仲値（TTM）から事務手数料や売買マージンを差し引いたものです。

(3) 対顧客電信仲値相場（TTM：Telegraphic Transfer Middle rate)

銀行が顧客と外国為替を売買するときに適用する為替相場の基本になるもの

で，TTSとTTBの平均値です。

⑷　信用状付一覧払輸入手形決済相場（ACC：Acceptance rate）

輸入代金支払いのために，信用状に基づく一覧払手形を輸入業者が銀行と決済する際に用いられる為替相場です。これは，資金回収期間は銀行が立替払いをしているため，TTSに手形取立期間の利息が加算されたものとなっています。

⑸　信用状付一覧払輸出手形買相場（A/S：At Sight buying rate）

輸出代金回収のために，信用状に基づく一覧払手形を輸出業者が銀行に買い取ってもらう際に用いられる為替相場です。これは，受取手形を銀行で割り引くことに似ており，TTBから手形取立期間の利息が差し引かれたものとなっています。

⑹　外国通貨現金売相場（Cash Sell Rate）

銀行が顧客に外国通貨を売る際に用いられる為替相場です。これは，TTSに外国から紙幣を日本に運んでくるための輸送費，保険料，金利等が加算されたものです。

⑺　外国通貨現金買相場（Cash Buy Rate）

銀行が顧客から外国通貨を買う際に用いられる為替相場です。TTBから保険料，金利等が差し引かれたものです。

⑻　信用状付ユーザンス手形買相場（Credit Buying Rate）

ユーザンス（usance）とは支払猶予を意味し，一般には貿易において輸入業者の輸出業者への支払いが一定期間猶予されることを指します。ユーザンス期間中の金利を輸出業者が負担する場合に，輸出業者が銀行に手形を買い取ってもらう際に用いられる為替相場で，TTBから金利が差し引かれたものです。

⑼　信用状無一覧払輸出手形買相場（Without Credit A/S Buying Rate）

銀行が信用状のない輸出手形を買い取る際に用いられる為替相場です。手形が決済されないリスクが比較的大きいことから，TTBから金利とともに信用リスク料金を差し引いたものとなっています。

なお，直物為替レートとしては通常，(1)TTS，(2)TTB，(3)TTMが考えられますが，外貨建取引会計基準では，いずれのレートを用いるかは明示されていません。

これに対し，法人税基本通達では下記のように明示されています。

【法人税基本通達13の2－1－2（外貨建取引および発生時換算法の円換算）】

原則的方法	(3)TTM	
例外的方法（継続適用が必要）	売上その他収益または資産	(2)TTB
	仕入その他の費用（原価および損失を含む）または負債	(1)TTS

Q1-5 外国通貨による記録

Q	外国通貨による記録が認められる場合について教えてください。
A	合理的と認められる場合，取引発生時の外貨額で記録する方法を採用できます。この場合，一定時点で円換算をする必要があります。

解 説

1．原 則

外貨建取引は，原則として，当該取引発生時の為替相場による円換算額をもって記録します。

ただし，外貨建取引高のうち，前渡金または前受金が充当される部分については，前渡金または前受金の金銭授受時の為替相場による円換算額を付し，残りの部分については，取引発生時の為替相場により換算します（外貨建取引実務指針26）。

また，外貨建取引に係る外貨建金銭債権債務と為替予約等との関係が金融商品会計基準におけるヘッジ会計の要件を満たしている場合には，当該外貨建取引についてヘッジ会計を適用することができるとされています。

２．外国通貨による記録

本邦内の事業単位において，外国通貨による取引が行われており，それらの取引の決済による外貨が円転されることなく，他の外貨建金銭債権債務の決済に恒常的に用いられていることから，外貨建取引について取引発生時の外国通貨により記録することが合理的であると認められる場合には，取引発生時の外国通貨の額をもって記録する方法を採用することができます（外貨建取引会計基準注解（注３），外貨建取引実務指針２）。

この場合，外国通貨の額をもって記録された外貨建取引は，各月末等一定の時点において，当該時点の直物為替相場または合理的な基礎に基づいて算定された一定期間の平均相場による円換算額を付するものとされています。なお，在外支店においても，同様の状況にある場合には，現地通貨以外の外国通貨による取引を当該通貨により記録することができます。

我が国の外貨建取引会計基準は原則として一通貨会計を前提としていますが，上記のように，外貨建取引を取引のつどに円換算するのではなく，外貨建取引および残高を通貨別に分類し，一定時点において円換算したうえで合算する会計手法を多通貨会計といいます。多通貨会計に関しては，会計制度委員会研究報告第５号「多通貨会計ガイドライン」が公表されています。この方法は，外貨別の資産負債の残高や取引の状況を独立して把握できるため，金融機関や輸出入企業などの会社にとって有用な方法といえます。

Q1-6 流動性の低い外国通貨の実務

Q	適時に為替相場を把握できない外国通貨の換算の実務について教えてください。
A	直近に入手可能な為替相場を用いて換算する等，入手し得る情報に基づき最善の処理をすることが必要です。

解 説

外国通貨の中でも，ドルやユーロといったメジャーな外国通貨がある一方で，発展途上国等における外国通貨といった流通性の低いマイナーな外国通貨があります。このような外国通貨は適時に為替相場を把握することができない場合があります。

このため，実務においては直近に入手した前月末の直物為替相場を用いて換算する等，入手し得る情報に基づき最善の処理を実施できるように管理することが必要です。

また，発展途上国等の外国通貨は不安定要素も強く，著しい為替相場の変動や通貨体制の変更等により，企業にとっては異常な為替差損益が発生する場合も想定されます。このような場合には，為替差損益を営業外損益ではなく，特別損益として表示することが妥当とされます（外貨建取引実務指針69なお書き）。

Q1-7 メーカーズリスク

Q	メーカーズリスクの会計処理について教えてください。
A	商社側は為替差損益が生じないように処理をし，製造業者側は負担する為替差損益を計上します。

解説

メーカーズリスクとは，国内製造業者等が商社等を通じて輸出入取引を行う場合，当該輸出入取引によって生ずる為替差損益について，国内製造業者等が当該為替差損益を負担することをあらかじめ契約している取引をいいます（外貨建取引会計基準注解（注1））。

1．商社等における処理

外貨建金銭債権債務から生じる為替差損益のうち，メーカーズ特約等の契約により製造業者等に負担させる，あるいは製造業者等に帰属させる金額相当額を為替差損益に計上・相殺することにより，実質的な為替差損益が生じないように処理します。

2．製造業者等における処理

メーカーズ特約等の契約により実質的に製造業者等が負担する，あるいは製造業者等に帰属する金額相当額を為替差損益として認識するように処理します。ただし，製造業者等がこの処理を行うためには，継続的に適用する必要があります。

設例1－1　メーカーズリスクの会計処理

（前提条件）

日付		直物為替相場	内　容
X1年1/1	契約締結日	85円/ドル	メーカーB社は原材料輸入のため，商社A社とメーカーズ特約付の契約を締結した。
X1年2/1	取引実行日	90円/ドル	上記契約に基づき，A社は原材料1,000ドルをC社から輸入しB社へ引き渡した（手数料等はなし）。
X1年3/31	決算日	105円/ドル	—
X1年4/30	決済日	115円/ドル	A社は輸入代金1,000ドルを輸入先C社へ支払い，またB社から入金を受けた。

会計処理

	商社A社	メーカーB社
X1年 1/1	仕訳なし	仕訳なし
X1年 2/1	(借)仕　　入　90,000　(貸)買　掛　金　(※1)90,000 (借)売　掛　金　(※2)90,000　(貸)売　　上　90,000 (借)売上原価　90,000　(貸)仕　　入　90,000 (※1)　C社への輸入仕入債務 (※2)　B社に対する売上債権	(借)仕　　入　90,000　(貸)買　掛　金　90,000
X1年 3/31	(借)未収入金　15,000　(貸)買　掛　金　15,000 1,000ドル×105円/ドル－90,000円＝15,000円 輸入仕入債務から生じた換算差額はメーカーが負担するため，商社は債権として認識します。	(借)為替差損益　15,000　(貸)未　払　金　15,000 (買掛金) メーカーの買掛金は外貨建金銭債務に該当するため，決算日レートで換算するという考え方から買掛金勘定を用いることも認められます。
X1年 4/30	(借)未収入金　10,000　(貸)買　掛　金　(※3)10,000 (借)買　掛　金　(※4)115,000　(貸)現金預金　115,000 (借)現金預金　(※5)115,000　(貸)売　掛　金　90,000 未収入金　25,000 (※3)　決算日から決済日までの為替変動 1,000ドル×115円/ドル－1,000ドル×105円/ドル＝10,000円 (※4)　C社への輸入仕入債務を決済 (※5)　B社に対する売上債権を回収	(借)未　払　金　105,000　(貸)現金預金　115,000 (買掛金) 為替差損益　(※6)10,000 (※6)　1,000ドル×115円/ドル－1,000ドル×105円/ドル＝10,000円

Q1-8 輸出取引の売上計上基準

Q 輸出取引の会計処理（売上計上基準）について教えてください。

A インコタームズ（貿易条件）で規定されている，リスクが移転する時点に合わせて売上を計上することが理論的といえます。

解説

輸出には，締結から，船積み，通関手続，船荷証券の入手，荷為替手形の取組み等，さまざまな段階があります。実務上は，概ね以下の基準によっているものと考えられています。

１．輸出取引の一般的な売上計上基準

⑴　出荷基準

倉庫・工場等から商品を出荷した時点で，商品等の通関および船積みによらず，売上を計上する方法です。貿易取引条件が工場渡条件（EXW）であるなど特別な場合を除き，望ましい会計処理とはいえない可能性があります。

⑵　通関基準

商品の通関手続が完了した時点で売上を計上する方法であり，通関日（＝税関の輸出許可日）が売上日となります。通関後，船積みまでに相当の期間を要する場合については，望ましい会計処理とはいえない可能性があります。

⑶　船積日基準

輸出貨物を本船へ引き渡した時点（B/L日）で売上を計上する方法です。代表的な取引条件であるFOB，CFRおよびCIF条件においては船積み時にリスクが移転すること，B/L日は事後的かつ客観的に検証し得ること，および船積み後はいつでも取引銀行に荷為替手形を買い取ってもらえるために輸出代金請求権が確定しているとみなせることから，一般的に広く採用されています。

なお，収益認識会計基準が原則として2021年４月以後開始する連結会計年度および事業年度の期首から適用されますが，一部の項目については，これまで我が国で行われてきた実務等に配慮し，個別項目に対する重要性の記載等の代替的な取扱いを定めています。代替的な取扱いの１つとして，履行義務の識別（ステップ２）の「出荷および配送活動」に，顧客が商品または製品に対する支配を獲得した後に行う出荷および配送活動については，履行義務として識別しないことができるとされています（収益認識適用指針94）。したがって，収益認識会計基準の適用後であっても，当案件は代替的な取扱いを採用することが可能であり，上述の売上計上基準で問題はないと考えられます。

⑷　船荷証券等作成日基準

船積みが完了した日ではなく，B/Lを作成した日に売上計上する方法です。ただし，作成日を恣意的に決定できる余地があります。

図表1－1 「出荷および配送活動」における代替的な取扱い

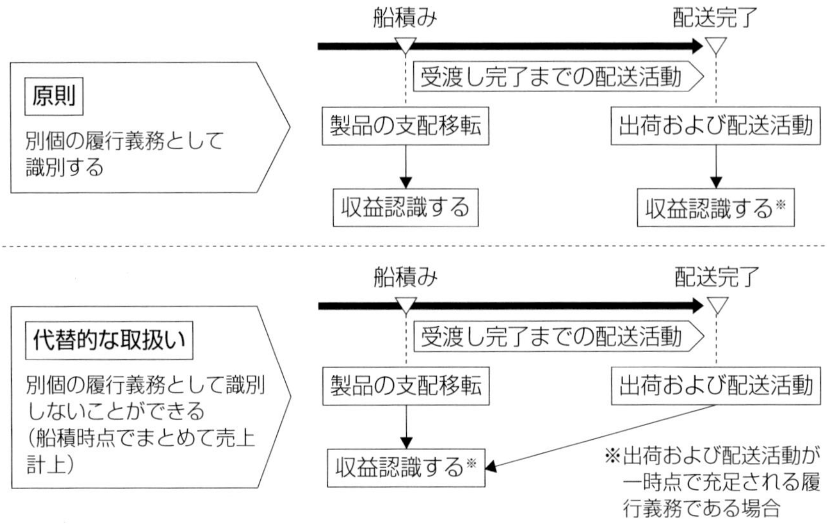

(5) 仕向地持込渡条件受渡日基準

輸入地の指定場所において引渡しが行われた日に売上計上する方法です。DDUやDDP条件による場合は，輸入者が指定場所まで貨物を持ち込み，買主に引き渡した時点で売主の費用負担と危険負担が買主に移転するため，当基準が整合すると考えられます。

2．仲介貿易に関する売上計上基準

仕入先が輸出のために船積みをした時点で売上計上する方法が一般的です。詳細は，Q1-10をご参照ください。

3．プラント輸出の売上計上基準

詳細は，Q1-11をご参照ください。

4．技術役務の提供に関する売上計上基準

設計，作業監督，技術指導等の技術役務を提供した場合は，原則としてすべての役務提供が完了した時点で売上を計上することとされています。

ただし，報酬金額が技術者数や滞在日数等により算定され，一定期間ごとに金額を確定させる場合や基本設計にかかる報酬の額と部分設計にかかる報酬の額が区分されているような場合については，それぞれ金額が確定した時点で収益を認識することになると考えられます。

Q1-9　輸入取引の仕入計上基準

Q	輸入取引の会計処理（仕入計上基準）について教えてください。
A	船荷証券入手時点で仕入を認識するのが一般的です。また，期末時には，船積済みで商品未受入のものは未着品として処理します。

解説

1．輸入取引の仕入計上基準

(1)　船荷証券入手日基準

国内取引の場合，仕入の認識は棚卸資産の引取時点（所有権および危険負担が検収時点において買主に移転する場合は検収時点）においてなされます。

輸入取引の場合は，船荷証券（B/L）の入手時点で仕入を認識するのが一般的です。これは，船荷証券の保有が輸入取引にかかる所有権を有していることを意味するため，その入手は輸入貨物を取得したことと同じであるとみなされるからです。

(2)　船積通知入手日基準

船積通知（Shipping Advice）を基に，船積みされた時点で仕入計上する方法です。貿易条件によりFOB等の場合は，商品の危険負担や所有権は船積み後から輸入者に移転するため，これをもって仕入日と考える方法です。

⑶　通関日基準

商品を輸入した際，商品の通関手続の完了時点で仕入計上する方法です。この方法は，通関日（＝税関の輸入許可日）の証明が容易で明確であることから客観的な方法であるといえます。

⑷　現品引取日基準

通関にて輸入許可が下り，輸入者が実際に保税倉庫などから貨物を引き取った時点で仕入計上する方法です。

⑸　検収日基準

実際に中身を確認して検収を行った時点で仕入計上する方法です。

なお，多くの場合，期中は通関日をもって仕入を認識し，決算日現在移送中の輸入貨物で船荷証券を入手しているものを「未着品」等の勘定科目を用いて計上することで，結果的に船荷証券入手時点で仕入認識をする方法がとられているようです。

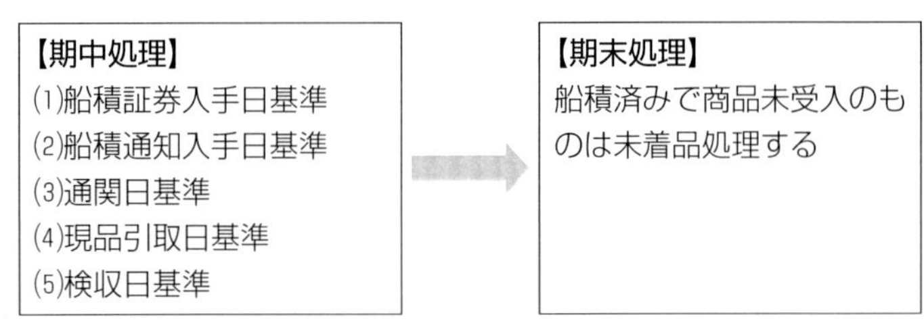

2．仕入にかかる付随費用の会計処理

引取費用等の付随費用は棚卸資産の取得原価に加算することとされています（棚卸資産会計基準6-2）。したがって，付随費用は期間費用とするのではなく仕入として計上し，期末在庫がある場合には棚卸資産の期末残高の一部を構成することになります。

付随費用には，主に海上運賃，海上保険料，陸揚費，輸入関税，通関料，検査料，代理店等への購入手数料があります。ただし，棚卸資産の取得原価に含めるものは引取費用に限定されていますので，輸入貨物引取後の保管料や火災保険料等は発生時に費用処理します。

また，未払いとなっている付随費用については，未払原価諸掛等の勘定科目を用いて処理することになりますが，あらかじめ金額を合理的に見積ることができる場合は，請求書到着前に費用認識することが妥当と考えられています。

Q1-10　直接輸送の場合の売上認識

Q	海外から仕入れ，第三国へ輸出する場合で，仕入先国から輸出先国へ直接輸送する場合，荷為替手形取組時点で売上を認識することは可能ですか。
A	荷為替手形取組時点ではなく，仕入先国において船積みをした時点で売上を認識する方法が妥当と考えられます。

解説

仕入先国において船積みをした後は，一般的に輸出者の果たすべき義務は完了しており，船積み後は仕入先に代金を支払うことでいつでも船荷証券を入手することができます。船荷証券入手後は輸出者の意思でいつでも荷為替手形を取り組み，販売代金を回収することが可能ですから，この場合は船積時点で売上債権も確定しているものと考えられます。

したがって，このような海外から第三国へ直接輸出するような取引の場合であっても，国内から輸出する場合と同様に，船積時点で売上認識をするのが妥当と考えられます。また，仕入先から船積完了の旨を出荷報告書等により通知を受ける場合は，その通知日をもって売上を認識する方法も妥当と考えられます。

荷為替手形取組日にて売上認識を行うとする主張の根拠として，船荷証券の引渡しが輸出貨物に係る所有権の移転と同一の行為とみなすことができるというものがあります。しかし，この場合の取引銀行への船荷証券の交付は，荷為替手形の買取りに対する担保であるとみなすほうが自然であり，加えて，荷為替手形取組日を基準とした場合は，輸出者の意図によって計上日を選択できる点も好ましくありません。

さらに，仕入先から船積完了の旨を出荷報告書等により通知を受ける場合は，その通知日をもって売上を認識する方法も妥当と考えられます。

なお，収益認識会計基準が原則として2021年４月以後開始する連結会計年度および事業年度の期首から適用されますが，一部の項目については，これまで我が国で行われてきた実務等に配慮し，個別項目に対する重要性の記載等の代替的な取扱いを定めています。代替的な取扱いの１つとして，履行義務の識別（ステップ２）の「出荷および配送活動」に，顧客が商品または製品に対する支配を獲得した後に行う出荷および配送活動については，履行義務として識別しないことができるとされています（収益認識適用指針94）。したがって，収益認識会計基準の適用後であっても，このケースについては代替的な取扱いを採用することが可能であり，上述の売上認識方法で問題はないと考えられます。

図表１－２　「出荷および配送活動」における代替的な取扱い（再掲）

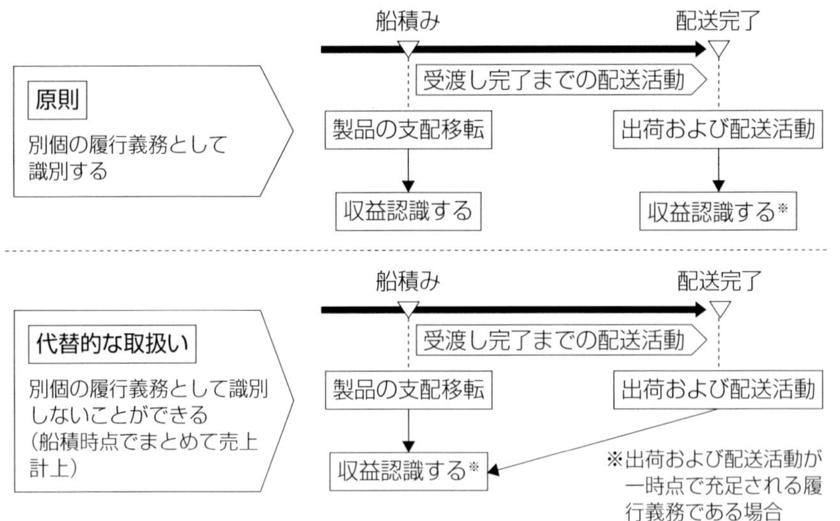

Q1-11　先方検収基準の採用

Q	機器納入に加え，据付等の役務提供を行う場合で，機器納入契約と役務提供契約が別契約の場合，機器納入に関して先方検収基準を採用することはできますか。
A	個々の財またはサービスレベルでの区分可能性と，契約の観点からの区分可能性から慎重に検討します。

解説

プラント輸出取引等に関して，機器の提供ばかりでなく，据付指導，試運転および性能試験等の機器の稼働に必要な技術役務の提供を行う場合で，機器納入に関する契約と役務提供契約が別契約になっているケースがあります。

実質的に輸出者が機器の稼働に必要な役務提供義務を負っているものと判断される場合には，継続適用を条件に先方検収基準を採用することが可能です。

企業会計上は，機器の納入と技術役務提供業務が実質的に一体として考えられ，機器に係る所有権と危険負担の移転が先方の検収をもってなされるような場合，先方検収の段階で収益計上することが妥当と考えられます。

なお，収益認識会計基準が原則として2021年４月以後開始する連結会計年度および事業年度の期首から適用されます。その際には，収益認識の５つのステップのうち，履行義務の識別（ステップ２）を慎重に検討する必要が生じます。

1．個々の財またはサービスレベルでの区分可能性

以下の①②をいずれも満たさない場合は，機器納入契約と役務提供契約は一体として判断されます。

> ①　顧客が，財（またはサービス）から単独で便益を享受できるか。
> ②　顧客が，財（またはサービス）と容易に利用可能な他の資源と組み合わせて便益を享受できるか。

図表1-3　履行義務単位の識別要件

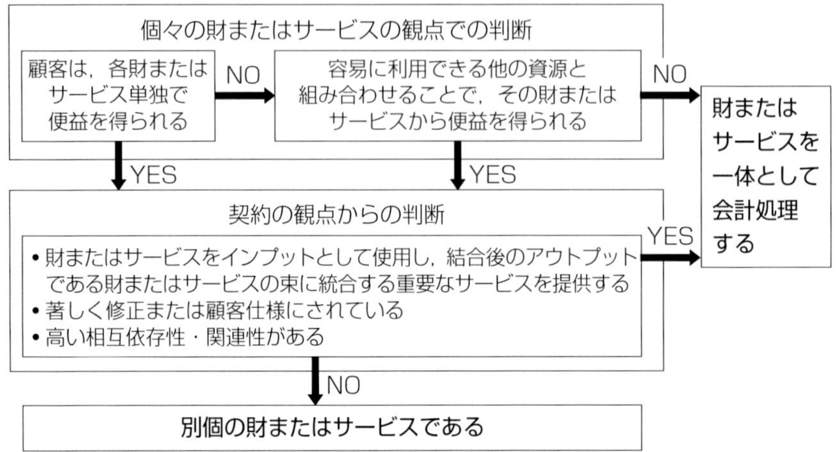

つまり，実質的に輸出者が機器の稼働に必要な役務提供義務を負っているものと判断され，原則的には役務提供完了後に収益を認識することとなります。ただし，機器に係る所有権と危険負担の移転が先方の検収をもってなされるような場合は，継続適用を条件に先方検収基準を採用することができると考えます。

上記の①または②のいずれかを満たす場合は，「2．契約の観点からの区分可能性」を検討します。

2．契約の観点からの区分可能性

以下を満たす場合は，機器納入契約と役務提供契約は一体として判断されますので，結論は「1．個々の財またはサービスレベルでの区分可能性」と同様になります。

> 財（またはサービス）を顧客に移転する約束が，契約に含まれる他の約束と一体となっているか（例：財またはサービスの束に統合する重要なサービスを提供する，著しく修正または顧客仕様にされている，高い相互依存性・関連性がある）。

上記を満たさない場合は，機器納入契約と役務提供契約は別個の履行義務として判断されます。そのため，機器の輸出に関しては船積日基準等により売上計上されることから，先方検収基準での収益認識は問題ないといえます。

Q1-12　為替変動がある場合の原材料の評価

Q	為替変動がある場合の原材料の評価の方法を教えてください。
A	原則として，正味売却価額の期末時の円換算額と取得原価を比較します。また，一定の条件下では再調達原価を用いることもできます。

解説

1．考え方①　正味売却価額

棚卸資産会計基準では，棚卸資産の期末における正味売却価額が取得原価よりも下落している場合，収益性の低下を財務諸表に反映させるために当該正味売却価額で評価し，取得原価との差額を評価損として計上することを求めています（棚卸資産会計基準７）。

例えば，仕入先から米ドル建てで商品を購入し，米ドル建てで販売している取引条件で，リードタイムの関係で商品の回転期間が数か月となる場合，為替相場が購入時から円高に推移している場合には，米ドル建ベースでは利益を確保できる価格設定でも円ベースでは赤字となる可能性があります。この場合，財務諸表の表示通貨が円である以上，米ドル建販売価格を期末レート（または期中平均レート）で換算した金額を正味売却価額としたうえで在庫金額と比較することが原則的な評価方法となります。

ただし，為替相場が円高に推移したことによるマイナス影響が何らかの形で補填される契約条件になっている場合は，この限りではありません。

2．考え方②　再調達原価

製品の製造原価の一部を構成する部品のように，正確な正味売却価額を算定することは通常困難と考えられるものについては，再調達原価を用いることが認められています。

棚卸資産会計基準第10項では，「正味売却価額が当該再調達原価に歩調を合わせて動くと想定される場合」を条件としていますが，製品の販売価格が再調達原価に連動して動くというようなケースに限定されているわけではなく，多少のタイムラグや変動する値幅の差があっても，全体的には歩調を合わせて動くと想定されると判断できる範囲にあればよいと考えられ，ある程度広く解釈することも可能と思われます。

製品の販売価格から部品の正味売却価額がある程度正確に算定できるのであれば，再調達原価の高低にかかわらず，正味売却価額（考え方①）によるべきですが，そのような算定が困難な場合や不正確な見積りによらざるを得ない場合には，客観的に把握可能である再調達原価（考え方②）を用いることも認められると考えます。

Q1-13 貿易取引の種類と形態

Q	貿易取引にはどのような種類と形態があるか教えてください。
A	種類には，輸出・輸入貿易，仲介貿易，加工貿易があります。形態には，直接取引と代理店を経由した取引があります。

解説

1．貿易取引の種類

貿易取引は，主に輸出・輸入貿易，仲介貿易および加工貿易の３種類に大別されます。輸出・輸入貿易に関してはQ１-16で触れますので，ここでは仲介貿易と加工貿易について説明します。

仲介貿易とは，自国の居住者が外国相互間での貨物の移動を伴う売買の当事者（仲介者）となって行う取引であり，一般的には，自国の商社等が外国の売主と購入契約を締結し，他の外国の買主と販売契約を締結することで差益を得る取引をいいます。

加工貿易は，物品等を構成する材料を外国の業者に提供して加工・製造を委託し，完成品または半完成品を輸入する取引をいいます。我が国の業者が外国から委託を受けて加工する場合を順委託加工貿易，外国の業者に委託する場合を逆委託加工貿易といいます。

図表1－4　加工貿易の仕組み

委託加工としては，加工貿易のほか，製造委託契約を締結して，海外メーカーの製造設備，技術，原材料調達能力および労働力を利用して特定の規格・仕様の製品の製造を委託し，完成品を輸入する取引があります。これは，製造コストの削減に加え，生産能力を確保することができる反面，金型の提供や品質を確保するためにライセンスを供することにより技術が流出する危険性があるため，契約による適切な保全を図ることが必要になります。

図表1－5　製造委託の仕組み

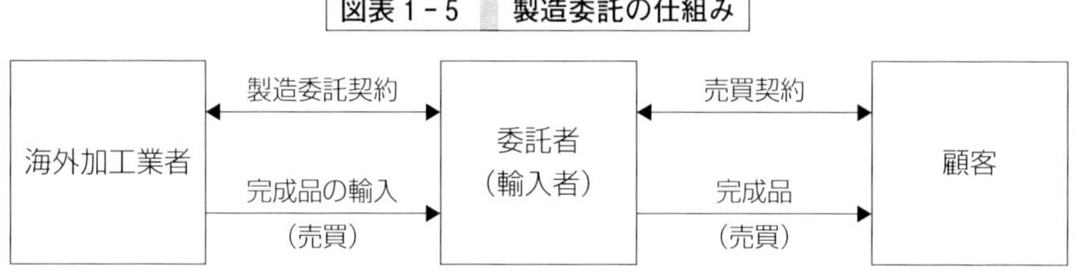

2．輸入販売店契約と輸入代理店契約

貿易取引は，売主と買主が取引主体となるのが基本ですが，売主と買主が直接取引をする以外に，売買当事者が代理店（売買当事者からの委任により売買当事者が行うべき業務の一部を自己の名義で行う者）を経由して取引を行う場

合があります。ここでは，その代表的な形態である輸入販売店契約と輸入代理店契約を取り上げます。

(1) 輸入販売店契約

輸入販売店契約とは，買主たる輸入販売店が売主から特定の商品を（継続的に）輸入し，外部顧客に販売することを契約条件で定めたもので，買主側からみれば，自己のリスクで商品を輸入・販売することで利益を得ることになります。

図表１－６　輸入販売店契約の仕組み

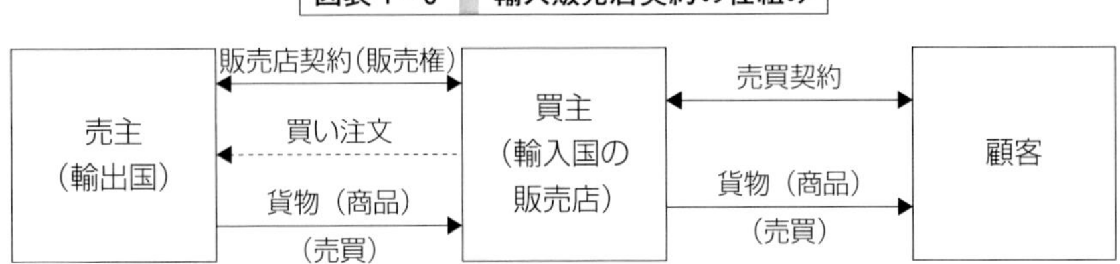

(2) 輸入代理店契約

輸入代理店契約とは，海外の輸出者の代理人として商品を輸入する契約をいい，売買契約による輸入とは異なります。商品の売買に関する責任は売主・買主にあり，輸入代理店は輸入代理店契約に定められた手数料を役務提供の対価として受け取るのみとなります。

図表１－７　輸入代理店契約の仕組み

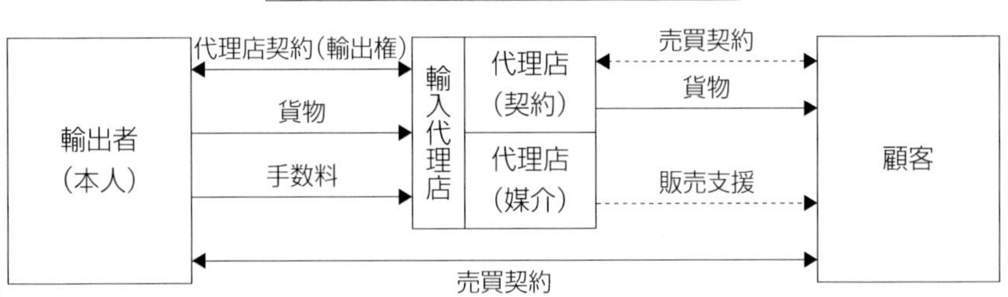

Q1-14 貿易取引に係る条件

Q	貿易取引に係る条件にはどのようなものがあるか教えてください。
A	主に，品質条件，数量条件，価格条件，決済条件，貨物受渡条件，保険条件，トラブルへの対処条件があります。

解　説

貿易取引はさまざまなリスクを有していることから，取引を円滑に進めるために，国際商業会議所が標準的な取引条件である「インコタームズ（INCOTERMS）」を制定しています。また，インコタームズは売買当事者の責任関係を規定しているのみであり，契約の成立要件等に関しては，売買契約の中で取り決めるか，売買当事者が属するいずれかの国における売買法によらざるを得なかったことから，売買の成立，不可抗力および売主の契約違反に対する救済方法を規定した国連ウィーン売買条約が締結されました。

貿易取引の輸出入契約は，契約自由の原則により，違法性がない限り，契約当事者で合意した特約により条件を付すことができるため，売主と買主の責任関係はインコタームズ等によることを契約条件にし，両者の合意事項は具体的かつ網羅的に記載することが重要となります。

貿易に係る主要な条件としては，品質条件，数量条件，価格条件，決済条件，貨物受渡条件，保険条件，トラブルへの対処条件があります。

1．品質条件

遠隔地の相手先との間では，商品の品質を確認することが難しいため，以下のような方法で品質を規定することが行われています。

(1)　見本売買（sale by sample）

売主または買主が商品見本を提示することにより，商品の品質を規定する方法です。見本売買は，主として製品，加工品の貿易取引に用いられます。試作品を一方の当事者が他方の当事者に制作させるような場合もあります。

⑵ 標準品売買（sale by standard）

農林水産物等のように品質が均質ではない物品については，見本売買ではなく，標準品を定めることで品質条件を規定しています。標準品との品質の違いについては価格において調整します。なお，標準品売買の場合，公的機関によって検査証明を受けることが一般的に行われています。

⑶ 銘柄売買（sale by brand）

ブランド等によって一定の品質が広く認知されているような場合において，そのブランド等を指定することによって売買する方法をいいます。買主は，そのブランドの商品であることをもって品質の程度を容易に知ることができます。

⑷ 仕様書売買（sale by specification）

工業品，化学品等については，材料・性質・成分・性能・耐久性・構造等の詳細にわたって品質に関する要求をすることがあります。これらの物品に関しては，通常，こうした要求水準を明示した仕様書を作成して，売主および買主の双方が品質に関する共通の認識を得られるようにします。

⑸ 規格売買（sale by grade）

国際的に規格が統一されているような物品に関しては，その国際規格等を提示することによって品質を決定します。主要な規格には国際標準化機構（ISO），日本工業規格（JIS）および日本農林規格（JAS）などがあります。

2．数量条件

数量および重量の単位は各国または地域によって異なることがあり，数量をめぐるクレームを避けるために契約条件として正確に定義しておく必要があります。また，船積み後に数量の不足が発見された場合に当事者のどちらが不足分を負担するかについての取決めも必要です。具体的には，数量決定時点として船積み時を基準とするか，陸揚時を基準とするかを決定し，過不足が生じた場合の負担者に関する取決めを契約で定めることとなります。

3．価格条件

貿易条件には，商品代金に加えて運送に要する費用，保険料，関税等の諸費用がかかります。これらの費用を売主または買主のどちらが負担するかは，物品にかかるリスクの負担をどちらが負担するかということと密接に関連しています。これは貿易に関する最も重要な取決めであり，インコタームズに2つのクラスと11の規則が示されています。詳細はQ1-17をご参照ください。

4．決済条件

輸出代金の決済方法は，荷為替手形を用いる方法と送金為替による方法があります。決済方法は，基本的に取引相手の意向，信用度および金額等を勘案して決定されます。詳細はQ1-15をご参照ください。

5．貨物受渡条件

貿易における貨物の受渡条件とは，貨物の受渡場所，時期および運送方法をいいます。

(1)　受渡場所

インコタームズで定められた場所が受渡場所となります。例えば"FOB Yokohama"であれば，横浜港（この場合は輸出港）にて貨物の受渡しがされることを示しています。

(2)　時　期

移送中における天候，事故等による遅延や船会社の配船予定の変更がなされることが多いため，貨物の受渡時期は特定の日とせず，一定期間を定めることとしています。

(3)　運送方法

貨物の運送に関して，分割船積みの可否，移送途中での積替えの可否を定めます。

6．保険条件

輸送中の貨物に関する不測の事態による損害を回避するため，貿易取引においては貨物海上保険に加入します。貨物海上保険は，輸出者の倉庫を搬出してから輸入者の倉庫搬入までの間の運送過程における事故を対象としており，国際複合輸送や航空輸送にも「貨物海上保険」の名称が使用されていますが，航空輸送については特別約款を適用し，オールリスク・タイプの保険となっています。

7．トラブルへの対処条件

輸出入契約締結後に発生したトラブルに対処するため，契約において一定の事項を定めておくことが必要です。具体的には，契約違反があった場合の損害賠償請求権や契約の解除権，あるいは品質，数量等の違反に関する買主のクレーム通知に関する取決めがこれに該当します。

なお，契約当事者のいずれにも責任がない理由によって契約の履行が不可能になった場合（不可抗力による不履行）についての契約当事者にかかる免責内容に加え，トラブルが発生した場合の紛争の解決方法についても定めておく必要があります。解決方法としては，当事国の裁判所に持ち込むほかに，自主的紛争処理手段として仲裁，当事者による和解および第三者の介入を依頼する斡旋・調停等の方法があります。

Q1-15　輸出代金の決済方法

Q	輸出代金の決済方法にはどのようなものがあるか教えてください。
A	主に，荷為替手形を用いる方法と送金為替による方法があります。

解説

輸出代金の決済方法は，荷為替手形を用いる方法と送金為替による方法があります。決済方法は基本的に取引相手の意向，信用度および金額等を勘案して決定されます。主要な決済方法は以下のとおりです。

1．荷為替手形	(1)　信用状付荷為替手形 (2)　信用状無荷為替手形（D/P・D/A手形）
2．送金為替	(1)　電信送金（T/T） (2)　送金小切手（D/D） 上記のほか，普通送金（M/T），郵便為替
3．相殺	(1)　バイラテラル・ネッティング (2)　マルチ・ネッティング

1．荷為替手形

荷為替手形とは，輸出代金決済のために輸出者が輸入者を名宛人として振り出す為替手形に船積書類が添付されたものです。また，船積書類とは一般的に船荷証券（B/L），保険証券，インボイス等を指します。

(1)　信用状付荷為替手形

輸出者が荷為替手形を発行し輸出代金を回収する方法のうち，信用状（L/C：Letter of Credit）により輸入者の取引銀行による支払保証があるものをいいます。

この方法によれば，輸出者は荷為替手形を買取銀行に提出すれば輸出代金を回収することが可能であり，輸入者の代金決済を待つ必要がありません。

(2)　信用状無荷為替手形

輸出者が輸入者からの代金取立てを外国為替銀行に依頼する決済方法で，決済に用いられる為替手形としてD/P手形とD/A手形の２種類があります。

D/P（Documents against Payment）手形による決済とは，輸入者が為替手形の代金支払い後に船積書類の引渡しを受ける方法です。つまり，輸入者は商品の到着前に全額を支払う必要があります。

D/A（Documents against Acceptance）手形による決済とは，輸入者が為替手形の期日払いを確約した後に船積書類の引渡しを受ける方法です。つまり，輸入者は商品の到着後に支払いをすることが可能です。

2．送金為替

輸入者が輸出者へ送金するため，銀行に必要金額を払い込み，その銀行の本・支店またはコルレス先を通じて輸出者への支払いを委託する為替取引です。

送金為替の場合，輸出者は輸入者からの送金行為が必要であり，他の手段による回収ができないことから，荷為替手形の場合と比較して回収リスクは高まります。

(1) 電信送金（T/T：Telegraphic Transfer）

送金人から送金依頼を受けた仕向銀行が，銀行間の通信システムにより支払銀行へ受取人への支払いを委託するものです。

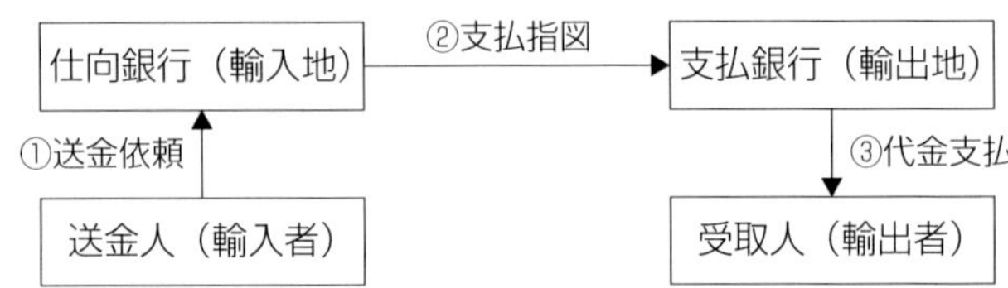

(2) 送金小切手（D/D：Demand Draft）

送金人から依頼を受けた仕向銀行が，支払銀行宛てに仕向銀行振出の小切手を作成し，送金人が直接受取人へ小切手を送付します。受取人は支払銀行に小切手を呈示して代金を回収します。

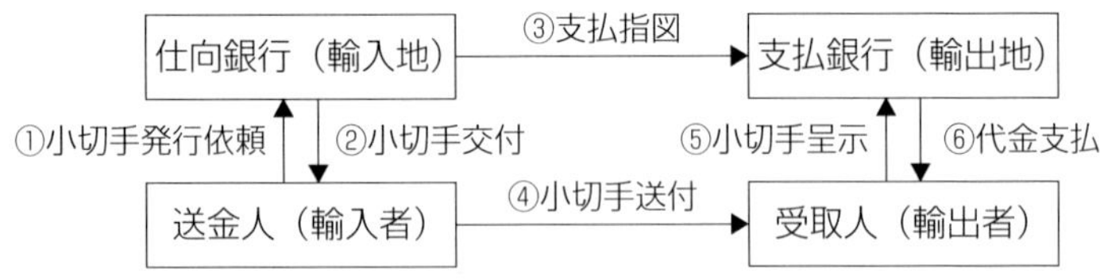

3．相殺（ネッティング）

債権・債務を互いに有する相手方に対して，債権・債務の発生のつど決済する代わりに，これらを相殺して差額を決済する方法です。

(1) バイラテラル・ネッティング

1対1で差額をネッティングする方法です。

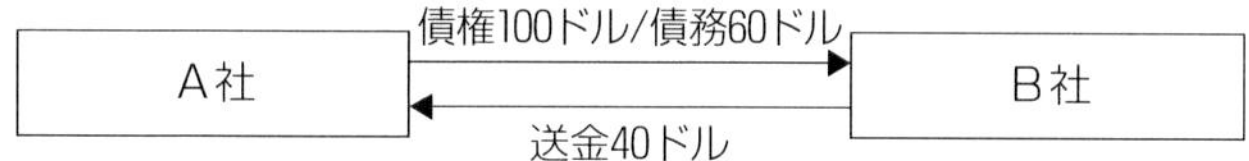

(2) マルチ・ネッティング

複数当事者間で差額をネッティングする方法です。

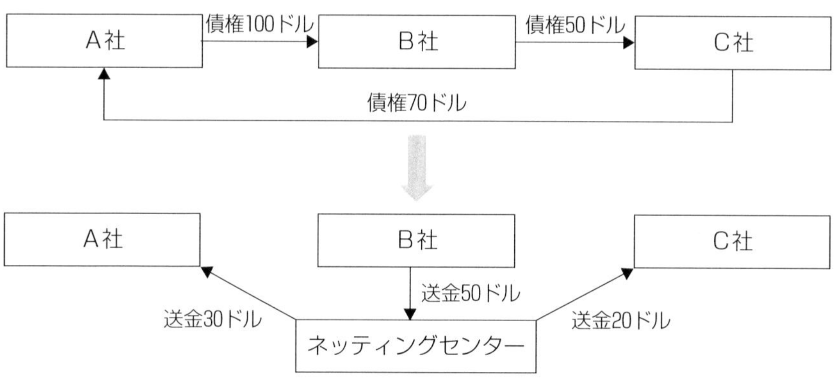

Q1-16 輸出入取引の流れ

Q	輸出取引の流れ，および輸入取引の流れについて教えてください。
A	輸出取引の流れは，(1)契約締結→(2)輸出の承認→(3)信用状の開設・通知→(4)船積手配→(5)保険契約締結→(6)通関手続→(7)船荷証券の発行→(8)輸出代金の決済となります。 輸入取引の流れは，(1)契約締結→(2)輸入の承認→(3)信用状の開設・通知→(4)保険契約締結→(5)輸入代金の決済・船積書類の入手→(6)通関手続・貨物引取りとなります。

解説

1．輸出取引

⑴　契約締結

品質条件，数量条件，価格条件，決済条件等の輸出入にかかる諸条件が輸出者と輸入者間で決められます。

⑵　輸出の承認

外為法や輸出貿易管理令等による許認可を必要とする貨物を輸出する場合，輸出者は経済産業省から許可を受けなければなりません。

⑶　信用状の開設・通知

決済条件が信用状付荷為替手形になっている場合，輸出者は輸入者から通知銀行を通じて信用状を入手し，その記載内容につき契約条件と照合します。なお，信用状によらない決済方法の場合は当該手続はありません。

⑷　船積手配

CIF条件あるいはCFR条件の場合は，輸出者が運賃を負担するため，船の手配も輸出者の義務となります。

FOB条件の場合は，輸入者が運賃を負担するため，船の手配を輸入者が行うことになりますが，現実には輸出港の配船状況を把握している輸出者が代行して手配を行います。

⑸　保険契約締結

インコタームズにより貿易条件において保険料が輸出者負担となっている場合（CIF等）は，輸出者が保険の手配，契約を締結することになります。

⑹　通関手続

保税地域との間の貨物の搬入・搬出，通関および船積み等の手続は，通常，海運貨物取扱業者（通称「乙仲業者」と呼ばれます）が輸出者に代わって行います。輸出者は，乙仲業者にインボイス，パッキングリストおよび輸出許可証等の通関書類の作成を依頼します。

⑺　船荷証券（B/L）の発行

通関と並行して，輸出者が乙仲業者に提出する船積依頼書（Shipping Instruction）に基づき，船積みが行われます。船積みが完了すると，船会社はD/R（Dock Receipt/コンテナ船）またはM/R（Mate's Receipt/在来船）と引換えに船荷証券（Bill of Lading）を発行します。輸出者は乙仲業者を経由して船荷証券を入手し，輸入者に対して船積完了を通知します。

⑻　輸出代金の決済

輸出者は，船荷証券を入手したら，輸出代金を決済するために荷為替手形の作成等を実施します。輸出代金の決済方法についての詳細はＱ１-15をご参照ください。

２．輸入取引

⑴　契約締結

品質条件，数量条件，価格条件，決済条件等の輸出入にかかる諸条件が輸出者と輸入者間で決められます。

⑵　輸入の承認

外為法や輸入貿易管理令等による許認可を必要とする貨物を輸入する場合，輸入者は経済産業省からの許可を受けなければなりません。

⑶　信用状の開設・通知

決済条件が信用状付荷為替手形になっている場合，輸入者は取引銀行に信用状の開設を依頼し，通知銀行を通じて輸出者に信用状を引き渡します。なお，信用状によらない決済方法の場合は当該手続はありません。

⑷　保険契約締結

インコタームズにより貿易条件において保険料が輸入者負担となっている場

合（FOB・CFR等）は，輸入者が保険を手配し契約を締結することになります。

⑸ 輸入代金の決済・船積書類の入手

一覧払手形の場合，輸入者は銀行からの通知に応じて代金決済を行い，それと引換えに船積書類を入手します。期限付手形の場合は，手形の引受けをして船積書類を入手します。

⑹ 通関手続・貨物引取り

輸入者は，船会社より貨物の着船通知を受けた後，貨物の引取手続に入ります。輸入貨物の通関および荷受作業は，輸出取引同様，乙仲業者に委託することになりますが，この際，船荷証券，インボイスその他の通関書類と輸入作業依頼書を提出します。乙仲業者は，船荷証券を船会社に提出し，荷渡指図書（D/O：Delivery Order）の交付を受け，その後，輸入申告（I/D：Import Declaration）を行います。

Q1-17 輸出入取引の条件

Q	インコタームズによる２つのクラスと11の規則について教えてください。
A	引渡し・リスク移転時期，および費用負担について，解説に示した一覧表をご参照ください。

解 説

貿易条件には，商品代金に加えて運送に要する費用，保険料，関税等の諸費用がかかります。これらの費用を売主または買主のどちらが負担するかは，物品にかかるリスクをどちらが負担するかということと密接に関連しています。これは貿易に関する最も重要な取決めであり，インコタームズに２つのクラスと11の規則が示されています。

インコタームズとは，国際商業会議所が策定した貿易条件の定義（International Commerce Terms）であり，最新版はIncoterms2010として2011年1月1日に発効されています。

1．あらゆる輸送手段に適した規則

類　型	略号	貿易条件	内　容
E 出荷条件	EXW	Ex Work（工場渡し）	引渡し・リスク移転時期：輸出者が，輸出者の敷地（工場等）で輸入者に物品を引き渡した時点。 費用：上記引渡し以降は輸入者負担
F 主要運送費抜条件	FCA	Free Carrier（運送人渡し）	引渡し・リスク移転時期：輸出者が，指定場所（積み地）で輸入者が手配した運送人に物品を引き渡した時点。 費用：上記引渡し以降は輸入者負担
C 主要運送費込条件	CPT	Carriage Paid to（運送費込み）	引渡し・リスク移転時期：輸出者が，指定場所（積み地）で輸出者が手配した運送人に物品を引き渡した時点。 費用：海上運送費は輸出者負担，以降のコストは輸入者負担
	CIP	Carriage and Insurance Paid to（運送費・保険料込み）	引渡し・リスク移転時期：輸出者が，指定場所（積み地）で輸出者が手配した運送人に物品を引き渡した時点。 費用：海上運送費・保険料は輸出者負担，以降のコストは輸入者負担
D 到着条件	DAT	Delivered at Terminal（ターミナル持込渡し）	引渡し・リスク移転時期：指定ターミナル（仕向地）で輸出者が荷下ろしし，輸入者に物品を引き渡した時点。 費用：上記引渡し以降は輸入者負担
	DAP	Delivered at Place（仕向地持込渡し）	引渡し・リスク移転時期：指定ターミナル以外の車上・船上（仕向地）で輸入者が荷下ろしした時点（荷下ろしは輸入者の危険負担）。 費用：上記引渡し以降は輸入者負担
	DDP	Delivered Duty Paid（関税込み仕向地持込渡し）	引渡し・リスク移転時期：輸入通関後の指定場所（仕向地）で輸入者が荷下ろしした時点（荷下ろしは輸入者の危険負担）。 費用：上記引渡し以降は輸入者負担

2．海上および内陸水路輸送のための規則

類　型	略号	貿易条件	内　容
F 主要運送費抜条件	FAS	Free Alongside Ship（船側渡し）	引渡し・リスク移転時期：輸出者が，船積港（積み地）で物品を本船の船側に置いた時点。 費用：上記引渡し以降は輸入者負担
	FOB	Free On Board（本船渡し）	引渡し・リスク移転時期：輸出者が，船積港（積み地）で物品を本船の船上に置いた時点。 費用：上記引渡し以降は輸入者負担
C 主要運送費込条件	CFR	Cost and Freight（運賃込み）	引渡し・リスク移転時期：輸出者が，船積港（積み地）で物品を本船の船上に置いた時点。 費用：海上運送費は輸出者負担，以降のコストは輸入者負担
	CIF	Cost, Insurance and Freight（運賃・保険料込み）	引渡し・リスク移転時期：輸出者が，船積港（積み地）で物品を本船の船上に置いた時点。 費用：海上運送費・保険料は輸出者負担，以降のコストは輸入者負担

Q1-18　為替差損益の表示方法

Q　外貨建金銭債権債務等の換算差損益については，どのように表示すればよいでしょうか。

A　原則として，為替差損益の一括表示とし，差益と差損を相殺した純額を営業外損益の一項目として表示します。

解　説

1．差益と差損は純額で表示する

決算時の換算差額，および決済に伴う損益ともに，原則として当期の為替差損益として処理します（外貨建取引会計基準一2⑵，3）。

損益計算書の表示は，為替差益と為替差損とを相殺した純額とします。これは，為替差益と為替差損となる取引は，支払利息と受取利息のように発生要因の異なる取引ではなく，一事業年度中における日々の為替相場の変動の結果，個々の債権債務につき差益として発生したり差損として発生したりするものであるため，これらを総額表示する意義がないと考えられるからです（外貨建取引実務指針28，69）。

実務上は，期中は為替差益と為替差損という２つの勘定科目を使用し，公表用財務諸表作成段階で純額表示とすることが一般的です。

2．原則は営業外損益

外貨建金銭債権債務等に係る換算差額と決済差損益は一種の金融損益と考えられるので，営業外損益の為替差損益として処理します。

ただし，為替差損益の発生の要因となった取引が経常取引以外の取引であり，かつ多額（＝金額に重要性があると認められる場合，または特殊な要因により一事業年度に異常かつ多額に発生したと認められる場合）の為替差損益は，特別損益の一項目として表示します（外貨建取引実務指針28，69）。

3．その他

外貨建有価証券の評価差額に含まれる換算差額については，保有目的別に分類された有価証券の評価差額に関する処理方法に従うことになります（第２章参照）。

また，外貨建資産および負債の本邦通貨への換算基準については，重要な会計方針の１つですが，外貨建取引会計基準に準拠していれば注記の必要はありません。

開示に関しては，決算日の直物為替相場が異常と認められる場合にのみ，決算日の前後一定期間の直物為替相場に基づいて算出された平均相場を用いることができますが，この場合には，決算日の直物為替相場と決算時に適用した平均相場を財務諸表等に注記することが必要となります（外貨建取引実務指針11）。

Q1-19 未実現損益の消去

Q	外貨建取引における未実現損益の消去に用いられる為替相場について教えてください。
A	原則として，消去すべき未実現損益の金額は，取得時または発生時の為替相場で換算します。

解 説

連結会社間の棚卸資産の売買およびその他の取引（固定資産の売買等）に係る未実現損益は，売却日に売却元で発生します。このため，原則として，消去すべき未実現損益は取得時または発生時の為替相場で換算します。ただし，実務上この方法により難い場合には，容認処理として，以下のような合理的な為替相場を使用して未実現損益を計算することができます（外貨建取引実務指針45，78)。

「実務上この方法により難い場合」とは，例えば棚卸資産については，売買が通常反復的に行われるため，棚卸資産の「売却元の売却価格」を追跡することが困難であったり，売却のロットごとに未実現利益を計算することが困難な場合が考えられます。

1．国内会社から在外子会社等に売却した場合

原則として，売却元の売却価格に売却元の利益率を乗じて計算します。

ただし，容認処理として，購入先における外貨建資産残高に売却元の利益率を乗じた外貨額に，決算時の為替相場（または購入先での資産保有期間に基づいて計算した平均相場）により換算することができます（外貨建取引実務指針45，78)。

ここで，減価償却資産を売却した場合，当該減価償却資産の未実現売却損益は，在外子会社等における減価償却により毎期部分的に実現することになります。在外子会社等で計上した減価償却費は原則として期中平均相場で換算されるため為替相場の影響を受けます。対して，未実現売却損益の円換算額は売却

年度で確定されているため，未実現損益の実現（戻入）額は為替相場の影響を受けず，在外子会社等における当該減価償却資産の減価償却方法および耐用年数等に基づき規則的に実現していくことになります。

このような減価償却資産に係る未実現損益の実現（戻入）の処理は，以下の考え方により認められています（外貨建取引実務指針45，78）。

①　親子会社間の取引から発生した未実現損益は，売却元において売却日に確定したものと考えられる。
②　当該取引は，親子会社間の取引高の修正と捉えるよりも，為替相場の変動結果であると捉えるほうが妥当であると考えられる。
③　未実現損益の消去は，資本項目である利益剰余金に反映されるが，上記の処理は，株式の取得後に生じた株主資本に属する項目については当該項目の発生時の為替相場による円換算額を付すという外貨建取引会計基準の処理と整合している。

2．在外子会社等から国内会社に売却した場合

原則として，売却元の売却価格に売却元の利益率を乗じた外貨額を，取引時の為替相場により換算します。ただし，容認処理として，購入先における円建ての資産残高に売却元の利益率を乗じて計算することができます（外貨建取引実務指針45，78）。

図表1－8　【まとめ】未実現損益の消去

資産の売却方法	原則法		容認法	
	未実現損益	為替相場	未実現損益	為替相場
国内会社→在外子会社等	売却元（国内会社）の円建売却価格×売却元（国内会社）の利益率	―（円貨取引のため）	購入先（在外子会社等）の外貨建資産残高×売却元（国内会社）の利益率	決算日レート（または購入先での資産保有期間に基づいた平均レート）
在外子会社等→国内会社	売却元（在外子会社等）の売却価格×売却元（在外子会社等）の利益率	取引時レート	購入先（国内会社）の円建資産残高×売却元（在外子会社等）の利益率	―（円貨取引のため）

Q1-20 社債発行差金の換算

Q	外貨建ワラント債における社債発行差金の換算方法について教えてください。
A	社債発行差金は期中平均レートで換算し，左記換算額と会計期間における社債発行差金変動額との差額を為替差損益に計上します。

解 説

1．外貨建ワラント債の発行者側の会計処理

ワラント債（Bond with subscription warrant）とは新株引受権付社債のことで，普通社債にワラント（新株引受権）が付与されている社債のことをいいます。

外貨建新株予約権付社債の発行者側の会計処理については，発行時は発行時レートにより換算し（ヘッジ会計の要件を満たしている場合を除きます），決算時は新株予約権の対価については発行時レート，社債の対価については決算時レートにより換算します。

新株予約権の対価について，決算時には換算替えせずに，あくまでも発行時レートの換算額を付す旨が定められている趣旨は，株式発行の権利行使が行われるかどうか確定するまでは，いわば仮勘定的な性格を有しているためと考えられます（外貨建取引実務指針23，66）。

2．社債発行差金および同償却額の換算の方法

以下の方法で会計処理します。

① 社債発行差金の償却額は期中平均レートで換算し，利息に加減する。

② 決算時の社債発行差金残高は決算時レートで換算する。

③ 前期末の社債発行差金残高と当期末の社債発行差金残高の差額から，上記①の償却額を差し引いた額を為替差損益として計上する。

社債発行差金は，仕訳上は新株予約権に対応して借方に発生しますが，その性格は金利調整差額であり，将来的に資本勘定を構成する可能性はないので新

株予約権の対価のような特例処理は不要です。そのため，費用収益項目である社債発行差金償却額は期中平均レートで（①），資産負債項目である社債発行差金残高は決算日レートで（②）それぞれ換算することになり，両者の換算方法の違いにより生じた差額（③）は為替差損益に計上するものと考えられます。

Q1-21　換算レートの変更と会計方針の変更

Q	換算レートのTTS・TTBからTTMへの変更は「会計方針の変更」に該当しますか。
A	会計方針の変更として取り扱う必要はないと考えます。

解説

「会計方針の変更」とは，従来採用していた一般に公正妥当と認められた会計方針から他の一般に公正妥当と認められた会計方針に変更することをいいます（過年度遡及会計基準4(5)）。

外貨建取引の換算方法は，「取引発生時の為替相場（＝取引が発生した日における直物為替相場又は合理的な基礎に基づいて算定された平均相場……以下省略），決算時の為替相場（＝決算時の直物為替相場としては，決算日の直物為替相場のほか，決算日の前後一定期間の直物為替相場に基づいて算出された平均相場……以下省略）による円換算額」と定められています（外貨建取引会計基準一1および注解（注2），一2および注解（注8））。

実務において使用されている，金融機関が顧客と通貨を売買する際に適用される対顧客電信売相場（TTS），対顧客電信買相場（TTB），対顧客電信売買相場の仲値（TTM）はいずれも直物為替相場と考えられています。また，外貨建取引会計基準ではどのレートを採用すべきかは明示していません。

つまり，TTM，TTSならびにTTBは，いずれも直物為替相場の枠内にあるものと考えられますので，それらの間での変更は会計方針の変更として取り扱う必要はないと考えます。

しかし，変更による影響額が大きいようであれば，追加情報として変更の旨と影響額とを記載することが望ましいと考えます。

なお，法人税法上は「法人が期末時換算法により円換算を行う場合の為替相場は，事業年度終了の日の電信売買相場の仲値」，つまりTTMが原則であり，継続適用を条件としてTTB（資産）およびTTS（負債）の適用が認められます（法人税基本通達13の２－２－５：期末時換算法—事業年度終了の時における為替相場）。したがって，適用レートのTTMへの変更は原則的な方法への変更となりますので，税務上も認められます。

Q1-22 匿名組合出資の換算

Q	外貨建ての匿名組合出資があった場合，期末においてどのように換算すべきでしょうか。
A	組合損益の持分相当額を取り込む場合は，期中平均相場または決算時の為替相場，出資金は決算時の為替相場で換算します。

解 説

匿名組合に係る出資の会計処理は，損益計算書において，組合の損益の持分相当額を純額で計上する方法および組合等の損益項目の持分相当額を総額で計上する方法が認められています（金融商品会計実務指針132，308）。組合損益の持分相当額を取り込む場合には，期中平均相場または決算時の為替相場により換算されると考えられます。

さらに，このようにして計算された外貨建ての匿名組合出資は，決算時において，子会社または関連会社に該当しない限りは，決算時の直物為替相場により換算すると考えられますので（外貨建取引会計基準一２(1)），決算時レートにより換算し，為替差損益を認識することになると考えます。

なお，組合等の出資構成が金融資産に該当する場合には金融商品会計基準に従って評価し，組合等への出資者の会計処理の基礎とする（金融商品会計実務指針132）ため，匿名組合の保有するその他有価証券の評価差額に対する持分相当額の換算から生じる部分についてはその他有価証券評価差額金として計上し，その他の換算差額を当期の為替差損益として計上することが考えられます（外貨建取引会計基準一2(2)）。

Q1-23　非貨幣性資産への再投資

Q	株式と債券の取得により海外の会社を買収する際，DESにより債券を子会社株式へ振り替える場合に，どのように会計処理をすればよいでしょうか。
A	一定の要件を満たした場合，外貨建債券の換算差額を繰り延べ，当該外貨による非貨幣性資産等の取得原価に加減することができます。額を取り込む場合は，期中平均相場または決算時の為替相場，出資金は決算時の為替相場で換算します。

解 説

満期償還外貨を円転せずに固定資産等に再投資する目的で債券を保有している場合は，その換算差額を繰り延べて再投資する資産の取得価額の調整に充てることができるとされています（外貨建取引等会計処理基準の改訂に関する意見書二1(2)，外貨建取引実務指針設例10）。

上記以外であっても，外貨建債券等（＝外貨建債券，外貨建預金および外貨建貸付金等の貨幣性資産）に係る受取外貨額を円転せずに外貨による有形固定資産等の取得に再投資する目的で保有し，以下の2つの条件のいずれも満たす場合には，外貨建債券等の換算差額を繰り延べ，当該外貨による非貨幣性資産等の取得価額に加減することができます（外貨建取引実務指針24）。

① 外貨建債券等の取得の当初から再投資することを計画していることが正式な文書により明確であること（なお，再投資までの期間が概ね1年を超える場合には，取引の実行可能性について十分に吟味する必要がある）

② 同一通貨同士の取引であること

したがって，DES（デット・エクイティ・スワップ）により債券について子会社株式に振り替える場合も，外貨建取引実務指針第24項を適用し，２つの条件（①かつ②）を満たすことを確認できれば，外貨建債券の換算差額を繰り延べ，当該外貨による非貨幣性資産等の取得価額に加減することができると考えます。

Q1-24 工事進行基準

Q	工事進行基準における外貨建完成工事高，完成工事未収入金および未成工事受入金の換算方法を教えてください。
A	工事契約会計基準において特有の取扱いは定められていないため，外貨建取引会計基準に従った会計処理を行います。

解 説

工事進行基準における外貨建完成工事高，完成工事未収入金および未成工事受入金の換算方法について，工事契約会計基準および同適用指針で特有の取扱いは定められておらず，外貨建取引会計基準に従った会計処理を行えばよいことになります。

工事進行基準により発生した完成工事未収入金について，決算時の為替相場で換算する旨の記載が工事契約会計基準第59項にありますが，外貨建取引会計基準に基づく会計処理を行うことを踏襲したものです。ヘッジ会計の適用対象でなければ，取引発生時の為替相場による円換算額をもって記録することになります。取引発生時の為替相場としては，取引発生日の為替相場，合理的な基礎に基づいて算定された平均相場（前月の平均レート等）のほか，取引日の直近の一定の日（前月末レート等）によることも認められています（外貨建取引会計基準一１および注解２）。

完成工事未収入金は取引発生時のレートで当初換算され，決算時には決算時の為替レート，入金時には入金時の為替レートで換算するので，未完成の工事進行基準適用工事でも為替差損益が発生することになります。

また，外貨による未成工事受入金がある場合，金銭授受時の為替レートをもって記録することになります。ただし，未成工事受入金は収益性負債であることから，決算時レートによる換算を要求されません（外貨建取引実務指針25)。したがって，未成工事受入金によって充当される部分は金銭授受時の為替レートによって換算された円貨額を付し，残額は上記の取引発生時の為替レートで換算することになります（外貨建取引実務指針26)。

設例1－2　工事進行基準における外貨建完成工事高，完成工事未収入金および未成工事受入金の換算

前提条件

- 工期はX1年～X2年末

年	レート（円/ドル）			受注金額	実行予算	原価実績	受入金
	取引時	期中平均	期末時				
X0年	85	—	—	600ドル	400ドル	—	200ドル
X1年	—	90	95	同上	同上	160ドル	0ドル
X2年	—	100	105	同上	同上	240ドル	0ドル
X3年	110	—	—	—	—	—	400ドル

会計処理

<X0年>　（単位：円）

（借）	現金預金	17,000	（貸）	未成工事受入金	(※)17,000

（※）200ドル×85円/ドル＝17,000円

<X1年>　（単位：円）

（借）	完成工事原価	(※1)14,400	（貸）	諸勘定	14,400
（借）	未成工事受入金	17,000	（貸）	完成工事高	20,600
	完成工事未収入金	(※2)3,600			
（借）	完成工事未収入金	(※3)200	（貸）	為替差損益	200

（※1） 160ドル×90円/ドル＝14,400円
（※2） 160ドル/400ドル＝40%，600ドル×40%－200ドル＝40ドル，40ドル×90円/ドル＝3,600円
（※3） 40ドル×（95円/ドル－90円/ドル）＝200円

<X2年> （単位：円）

（借）	完成工事原価	（※4）24,000	（貸）	諸勘定	24,000
（借）	完成工事未収入金	（※5）36,000	（貸）	完成工事高	36,000
（借）	完成工事未収入金	（※6）2,200	（貸）	為替差損益	2,200

（※4） 240ドル×100円/ドル＝24,000円
（※5） （160ドル＋240ドル）/400ドル－40%＝60%，600ドル×60%＝360ドル，360ドル×100円/ドル＝36,000円
（※6） （40ドル＋360ドル）×105円/ドル－（3,600円＋200円＋36,000円）＝2,200円

<X3年> （単位：円）

（借）	現金預金	（※7）44,000	（貸）	完成工事未収入金	（※8）42,000
			（貸）	為替差損益	2,000

（※7） 400ドル×110円/ドル＝44,000円
（※8） 3,600円＋200円＋36,000円＋2,200円＝42,000円

なお，収益認識会計基準の適用に伴い，工事進行基準は廃止されます。

Q1-25 開示の全体像

Q	外貨建取引，特に為替リスクに関連する開示の全体像について教えてください。
A	事業の状況における事業上のリスクとMD&A，および経理の状況における財務諸表本表と注記に記載することが考えられます。

解説

1．開示の全体像

グローバル市場で事業を展開する日本企業にとって急激に為替相場が変動し

た場合に，為替リスクの業績に与えるインパクトは高まります。為替リスクへの対応方法は企業が置かれている経営環境やグループの事業展開方法等により異なりますが，事業上のリスク，MD&A（Management Discussion & Analysis：事業の状況「財政状態，経営成績およびキャッシュ・フローの状況の分析」），財務諸表本表および注記により，為替リスクの概要，リスク管理体制および決算における為替損益やデリバティブ取引のボリュームを捉えることで，業績に与えるインパクトを分析することが可能になると考えられます。

図表1－9は，有価証券報告書における為替リスクに関連する開示の全体像です。

図表1－9　為替リスクに関連する開示（全体像）

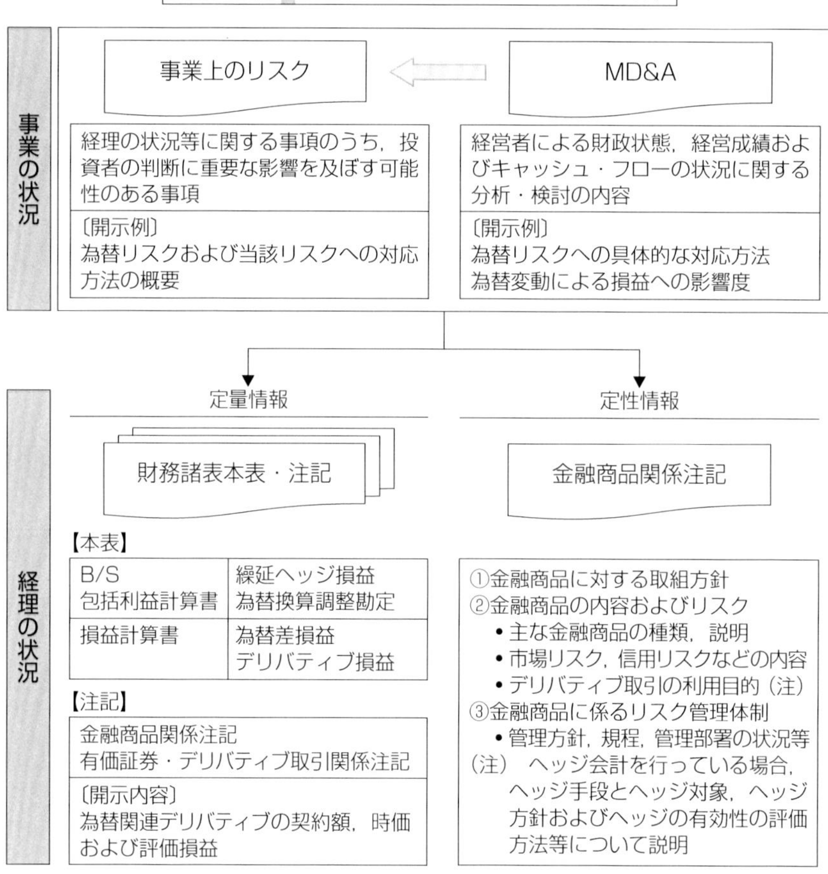

2．開示における留意点

(1) 重要な会計方針

① 外貨建資産および負債の本邦通貨への換算基準

重要な会計方針の１つですが，原則法である外貨建取引会計基準により処理している場合は，記載する必要はありません。

② ヘッジ会計

為替予約等が金融商品会計基準の「ヘッジ会計の要件」を満たしている場合は，重要な会計方針としてヘッジ会計の方法について注記することが必要になります（財規８の２⑧）。

(2) 財務諸表

① 為替差損益の表示（Q１-18参照）

決算時の換算差額，および決済に伴う損益ともに，原則として双方の差益と差損を相殺した純額を当期の為替差損益として営業外損益に表示します。

ただし，為替差損益の発生の要因となった取引が経常取引以外の取引であり，かつ多額（＝金額に重要性があると認められる場合，または特殊な要因により一事業年度に異常かつ多額に発生したと認められる場合）の為替差損益は，特別損益の一項目として表示します（外貨建取引実務指針28，69）。

② 為替予約差額の表示

為替予約差額のうち，直々差額については予約日の属する期の損益として処理し，直先差額は予約日から決済日にわたり，合理的な方法により配分し，各期の損益として処理します（外貨建取引実務指針９）。

当該損益は，原則として為替差損益に含めて処理されますが，合理的な方法により配分された直先差額は，金融商品会計実務指針における債券に係る償却原価法に準じて，利息法または定額法により利息の調整項目として処理することができます。

一方，売上・仕入取引に係る営業債権債務のように直先差額に重要性がなく，かつ，信用期間の短いものに為替予約等を付した場合には，実務上の煩雑性を勘案し，期間配分した直先差額はすべて為替差損益に含めることができるとされています。

また，貸借対照表上，次期以降に配分された直先差額のうち，決済日が１年内に到来するものに係る直先差額は前払費用または前受収益として表示し，それ以外の直先差額は長期前払費用または長期前受収益として両建てで表示します。ただし，重要性の乏しいものについては区分掲記しないことも認められます。

⑶　注　記

①　決算時の為替レートとして平均レートを適用した場合

決算時の為替レートとして決算日の直物為替レートを用いることが原則とされていますが，決算日前後の為替相場の変動状況から判断して，決算日の直物為替レートが異常と認められる場合には，決算日の前後一定期間の直物為替レートに基づいて算出された平均レートを用いることが認められています。

決算時の為替レートとして平均レートを適用した場合には，決算日の直物為替レートおよび適用した平均レートを財務諸表に注記することが要求されています（外貨建取引会計基準注解（注８），外貨建取引実務指針11）。

②　外貨建保証債務

外貨建保証債務は，決算日の直物為替レートにより円換算し，貸借対照表項目の注記として記載することが求められています（外貨建取引実務指針29）。

③　為替予約等の時価情報

為替予約等のデリバティブ取引については，取引の状況に関する事項等および取引の時価等に関する事項を注記する必要があります（財規８の８）。

第2章

有価証券

Point

- 保有する目的により，売買目的有価証券，満期保有目的債券，その他有価証券，子会社株式・関連会社株式の4つに分類されます。
- 子会社株式・関連会社株式を除いて期末日は決算日レートで換算します。
- 外貨ベースで減損の判定を行います。

Q2-1 有価証券の分類

Q	有価証券の分類について教えてください。
A	保有する目的により，売買目的有価証券，満期保有目的債券，その他有価証券，子会社株式・関連会社株式の４つに分類されます。

解 説

1．有価証券の分類

有価証券とは財産上の権利を表す証券であり，譲渡により簡単に権利を他人に移転することができます。代表的なものに株式や債券（国債や社債等）があり，それを保有する目的により以下の４つに分類されます。

図表２－１ 有価証券の分類

分 類	内 容
売買目的有価証券	時価変動による利益を得ることを目的とする有価証券。トレーディング専門部署が日々売買を繰り返すようなものが想定される。
満期保有目的債券	主に利息の受取りを目的として，満期まで継続して保有し続ける債券（国債や社債等）
その他有価証券	他の３分類のどれにも属さないもの。このため，持ち合い目的で保有するものから，財テクのために保有するものまでさまざまである。長期的に売却する可能性はあるが，直ちに売却・換金するために保有するものではない。
子会社株式・関連会社株式	他の会社への影響力を行使するために保有する株式。M&Aで売却する可能性はあるが，通常は，売却は想定されず，グループとしての投資成果をあげるため長く保有する。

（出所） 新日本有限責任監査法人編『図解でスッキリ　外貨建取引の会計入門』（中央経済社，2016年）98頁の図表を筆者一部加工

2．各分類ごとの有価証券の性質

⑴　売買目的有価証券

売買目的有価証券とは，「時価の変動により利益を得ることを目的として保有する有価証券（金融商品会計基準15）」を指し，いわゆるトレーディング目的で保有する有価証券のことをいいます。

「時価の変動により利益を得ることを目的として保有する」とは，同一銘柄に対して短期間に購入・売却を行い，その間の価格変動を利益として得ることを目的として保有することをいいます。

したがって，通常は1銘柄に対して相当程度の反復的な購入と売却がなされることを想定しています（金融商品会計実務指針65）。

また，一般に有価証券を売買目的有価証券として区分するためには，以下の要件に該当することが望ましいとされています（金融商品会計実務指針65，268）。

①　有価証券の売買を業としていることが定款上明らかであり，かつトレーディング業務を日常的に遂行し得る人材から構成された独立の専門部署によって有価証券が保管・運用されている。

②　有価証券を短期的に頻繁に売買し，売却益を得ることを目的とする大量の取引を行っていると認められる客観的状況を備えている。

したがって，一般的な事業会社においては，売買目的有価証券として保有されるケースは少ないと考えられます。

⑵　満期保有目的債券

①　性　質

満期保有目的債券とは，満期まで保有する積極的な意思とその能力に基づいて保有する社債その他の債券を指します（金融商品会計基準16）。すなわち，保有期間をあらかじめ決めていない場合，あるいは金利や為替等の変動の将来の不確定要因の発生によっては売却が予測される場合には満期まで保有する意図があるとはみなされず，また，満期までの資金繰り計画等から，または法令行政指導等の規制により継続的な保有が困難と判断される場合には満期まで保有する能力はないと判断されます（金融商品会計実務指針69）。

② 償却原価法

満期保有目的債券は原則として取得原価をもって貸借対照表価額としますが，債券を債券金額より低い価額または高い価額で取得した場合において，取得価額と債券金額との差額の性格が金利の調整と認められる場合，償却原価法に基づいて算定された償却原価を貸借対照表価額とする必要があります（金融商品会計基準16）。

ここでいう償却原価法とは，債券を券面額よりも低い価額または高い価額で取得した場合において，その差額に相当する金額（以下「取得差額」といいます）を債券の償還期に至るまで毎期一定の方法で取得価額に加減する方法をいいます（金融商品会計基準（注５））。

また，当該取得差額を毎期一定の方法で取得価額に加減したものを償却原価とし，当該加減額は損益処理します。上述のとおり，当該取得差額の性格は金利調整差額と認められているため，損益処理する際は，有価証券利息に含めて処理します。

なお，償却原価法は，「債券のクーポン受取総額と金利調整差額の合計額を債券の帳簿価額に対し一定率となるように，複利をもって各期の損益に配分する利息法」を原則としていますが，継続適用を条件として簡便法である「債券の金利調整差額を取得日から償還日までの期間で除して各期の損益に配分する」定額法を採用することも認められています（金融商品会計実務指針70）。

(3) その他有価証券

その他有価証券とは，売買目的有価証券，満期保有目的債券，子会社株式および関連会社株式のいずれにも該当しない有価証券を指します（金融商品会計実務指針72）。

その他有価証券は，原則として時価評価し，評価差額は税効果を考慮したうえで，純資産の部に「その他有価証券評価差額金」の勘定を用いて計上することが要求されています（金融商品会計基準18，金融商品会計実務指針73）。

(4) 子会社株式および関連会社株式

① 子会社株式

子会社株式とは，議決権のある発行済株式総数の過半数を自己の計算で実質的に保有しているほか，40%以上50%以下を自己の計算で保有している場合であっても，実質的に当該会社の意思決定機関を支配していると認められる場合の被支配会社の株式を指します。

② 関連会社株式

関連会社株式とは，議決権のある発行済株式総数の20%以上を自己の計算で実質的に保有しているほか，15%以上20%未満であっても，出資，人事，資金，技術，取引等を通じて当該会社の財務，営業，事業の方針の決定に重要な影響を与えることのできる場合の被出資会社（子会社に該当する場合を除きます）の株式を指します。

Q2-2 外貨建売買目的有価証券の会計処理

Q	外貨建売買目的有価証券の会計処理について教えてください。
A	取得時は外貨建ての取得原価×取得時レートで換算します。 決算日は決算日における外貨建ての時価×決算日レートで換算します。

解 説

1．外貨建有価証券の取得時の処理

外貨建取引は，原則として，当該取引発生時の為替レートによる円換算額をもって記録します（外貨建取引会計基準一1）。したがって，外貨建有価証券についても取得時の為替レートによって換算します。これは有価証券の保有目的にかかわらず共通の取扱いとなります。

2．外貨建売買目的有価証券の決算時の処理

外貨建売買目的有価証券の円貨建ての時価は，外国通貨による決算日の時価を，決算時の為替レートで換算することにより算定されます（外貨建取引会計基準一2③ハ）。

これは，金融商品会計基準において，売買目的有価証券は決算日に時価評価を行うことが要求されており（金融商品会計基準15），外貨建売買目的有価証券の換算は，金融商品会計基準の時価を算出する過程の1つとして考えられているためです。

また，外貨建売買目的有価証券の換算により生じた換算差額には，外貨建ての取得原価の換算による為替差損益（図表2-2A）と，外貨建評価差額を決算日レートで換算した金額（図表2-2B）から構成されることになります。これらの換算差額は，一括して当期の損益として処理されます。

図表2-2　外貨建売買目的有価証券の換算差額

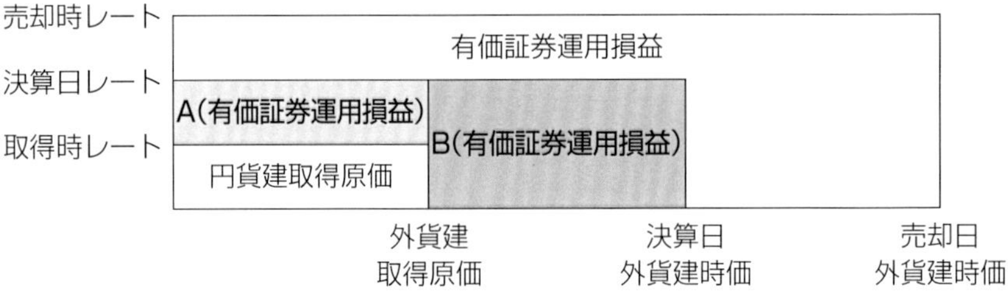

設例2-1　外貨建売買目的有価証券の会計処理

前提条件

- 2月1日，A社（3月決算）は，250ドルの米国上場株式を売買目的で取得した。
- 5月1日，A社は，当該株式を300ドルで売却した。
- 当該株式時価は以下である。

取得日（2月1日）	250ドル
決算日（3月31日）	280ドル
売却日（5月1日）	300ドル

• 為替レートは以下である。

取得日（2月1日）	80円/ドル
決算日（3月31日）	90円/ドル
売却日（5月1日）	100円/ドル

会計処理

<取得日（2月1日）>

（単位：円）

（借）	売買目的有価証券	(※)20,000	（貸）	現金預金	20,000

（※）250ドル×80円/ドル＝20,000円

<決算日（3月31日）>

（単位：円）

（借）	売買目的有価証券	5,200	（貸）	有価証券運用損益	(※)5,200

（※）売買目的有価証券の時価評価
（280ドル×90円/ドル）－20,000円＝5,200円

<売却日（5月1日）>

（単位：円）

（借）	現金預金	(※1)30,000	（貸）	売買目的有価証券	25,200
				有価証券運用損益	(※2)4,800

（※1）売却による入金額
300ドル×100円/ドル＝30,000円
（※2）30,000円－25,200円＝4,800円

Q2-3 外貨建満期保有目的債券の会計処理

Q	外貨建満期保有目的債券の会計処理について教えてください。
A	【額面で取得した場合】 • 取得時は外貨建ての取得原価×取得時レートで換算します。 • 決算日は外貨建ての取得原価×決算日レートで換算します。 【額面と異なる金額で取得した場合において，差額の性格が金利の調整と認められるとき】 • 取得時は外貨建ての取得原価×取得時レートで換算します。 • 決算日は外貨建ての決算日の償却原価×決算日レートで換算します。

解説

外貨建満期保有目的債券の決算日における貸借対照表価額は，原則として，外国通貨による取得価額を決算日の為替レートで換算することにより算定されます（外貨建取引会計基準一2⑴③イ）。

これは，満期保有目的債券の性質が金銭債権に類似していることから，外貨建金銭債権と同様に取り扱うものであり，この換算から生じた為替差損益は当期の損益として処理されることになります。

ただし，償却原価法を適用する場合には，外国通貨による決算日の償却原価を，決算日の為替レートで換算する必要があります。この場合，換算から生じた差額は，次のとおり算定し，処理します。

⑴ 償却原価法を適用したことによる当期償却額は利息としての性質を有しているため，外貨建ての当期償却額を期中平均レートにより円換算し，利息の調整項目として処理します。

⑵ 外貨建ての償却原価を決算日の為替レートで換算した額から，取得時または前期末の貸借対照表価額を控除し，さらに⑴で算定した利息調整額を控除した額を当期の為替差損益として処理します。

設例2－2　外貨建満期保有目的債券の会計処理

（前提条件）

- A社（3月決算）は，以下の条件で外貨建債券を取得し，満期保有目的債券と指定した。
- 満期保有目的債券に関して，金融商品会計基準で定める要件を充足している。
- 取得価額と債券金額（額面）の差額は，すべて金利の調整として認められ，簡便法である定額法による償却原価法を適用する。

取得日	1月1日
取得価額	960ドル
額面	1,000ドル
満期	6月30日
クーポン利率	4％
利払日	6月末日

- 為替レートは以下である。

取得日（1月1日）	100円/ドル
期中平均レート（1月1日～3月31日）	105円/ドル
決算日（3月31日）	110円/ドル
期中平均レート（4月1日～6月30日）	114円/ドル
満期日（6月30日）	120円/ドル

（会計処理）

＜取得日（1月1日）＞

（単位：円）

（借）	満期保有目的債券	(※)96,000	（貸）	現　金　預　金	96,000

（※）960ドル×100円/ドル＝96,000円

<決算日（3月31日）>

（単位：円）

（借）	未収利息	(※2)1,100	（貸）	有価証券利息	(※1)1,050
			（貸）	為替差損益	(※3)50
（借）	満期保有目的債券	(※4)2,100	（貸）	有価証券利息	(※4)2,100
（借）	満期保有目的債券	(※5)9,700	（貸）	為替差損益	(※5)9,700

（※1） 有価証券利息（発生期間の期中平均レートで換算）
1,000ドル×4％÷12か月×3か月×105円/ドル＝1,050円

（※2） 未収利息（決算日レートで換算）
1,000ドル×4％÷12か月×3か月×110円/ドル＝1,100円

（※3） 未収利息に係る換算差額
1,100円－1,050円＝50円

（※4） 利息の調整額とすべき償却額（帳簿価額への加算額）
(1,000ドル－960ドル)÷6か月×3か月×105円/ドル＝2,100円

（※5） 外貨建ての償却原価を決算日の為替レートで換算した額から，取得時帳簿価額を控除。
(960ドル＋(1,000ドル－960ドル)÷6か月×3か月)×110円/ドル－96,000円＝11,800円
当期償却額（利息調整額）を控除。
11,800円－2,100円＝9,700円

<満期日（6月30日）>

（単位：円）

（借）	現金預金	(※2)2,400	（貸）	有価証券利息	(※1)1,140
				未収利息	1,100
				為替差損益	(※3)160
（借）	満期保有目的債券	(※4)2,280	（貸）	有価証券利息	(※4)2,280
（借）	現金預金	(※5)120,000	（貸）	満期保有目的債券	(※6)110,080
				為替差損益	9,920

（※1） 有価証券利息（発生期間の期中平均レートで換算）
1,000ドル×4％÷12か月×3か月×114円/ドル＝1,140円

（※2） 利息入金額
1,000ドル×4％÷12か月×6か月×120円/ドル＝2,400円

（※3） 利息入金額から当期中発生額および前期末計上未収利息を控除。
2,400円－1,140円－1,100円＝160円

（※4） 利息の調整額とすべき償却額（帳簿価額への加算額）
(1,000ドル－960ドル)÷6か月×3か月×114円/ドル＝2,280円

（※5） 償還による入金額
1,000ドル×120円/ドル＝120,000円

（※6） 満期日における帳簿価額
96,000円＋2,100円＋9,700円＋2,280円＝110,080円

図表２－３　外貨建満期保有目的債券の換算差額

【原則法】

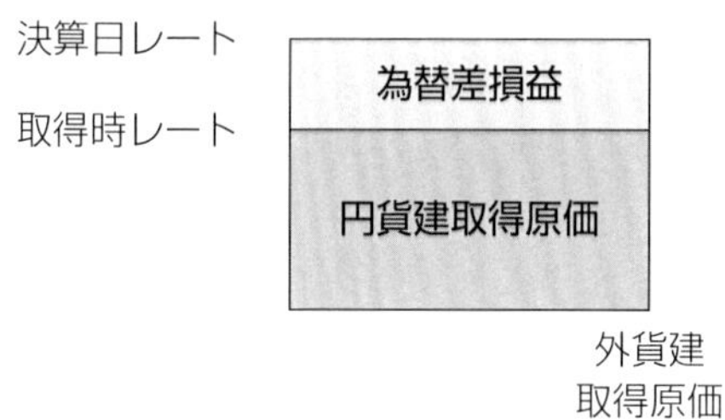

【償却原価法】

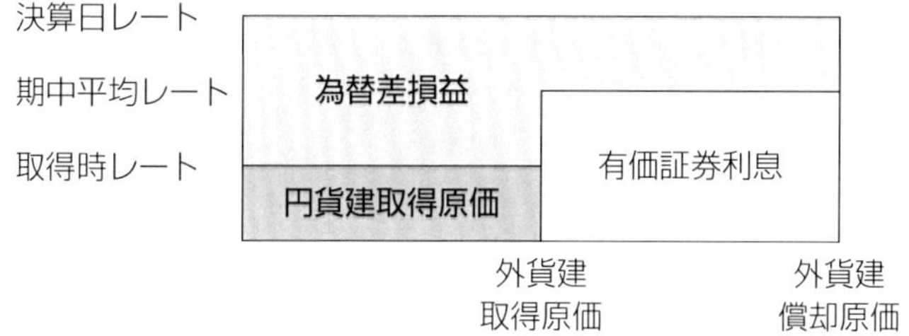

Q2-4　外貨建その他有価証券の会計処理

Q　外貨建その他有価証券の会計処理について教えてください。

A　取得時は外貨建ての取得原価×取得時レートで換算します。
決算日は原則として外貨建ての決算日の時価×決算日レートで換算します。
市場価格のない外貨建その他有価証券については，取得原価または償却原価を決算日レートで換算します。
決算日時価と取得価額の差額は原則としてその他有価証券評価差額金で計上します。

解 説

外貨建その他有価証券については，原則として外貨による時価を決算時のレートで換算して円貨建ての時価を算定します。一方，非上場株式や非上場債券等，市場価格のない外貨建その他有価証券は，取得原価または償却原価法に基づいて算定した償却原価を決算時のレートで換算することとなります（外貨建取引会計基準一2(1)③ロ，外貨建取引実務指針15）。

ここで，償却原価法を適用する場合には，満期保有目的債券に対して適用した方法と同様の方法を適用します。

また，外貨建その他有価証券の換算差額は，原則として金融商品会計基準の評価差額に関する処理方法に従うものとされています（外貨建取引会計基準一2(2)）。すなわち，外貨建取得原価または償却原価と時価の差額を決算日レートで円換算した金額だけでなく，外貨建取得原価または償却原価の為替換算差損益も一括して評価差額として処理します。

ただし，外貨建その他有価証券のうち，債券については，外貨建時価を決算日レートで換算した換算差額のうち，外貨建取得原価または償却原価と時価の差額を決算日レートで円換算した金額を評価差額として取り扱い，外貨建取得原価または償却原価の為替換算差損益を為替差損益として損益処理することも認められています（外貨建取引実務指針16）。

上記によって算定された評価差額について，原則として「評価差額を，評価差額と評価差損の区別なく税効果相当額を控除した額を純資産の部に計上する」全部純資産直入法の適用が規定されていますが，継続適用を条件に「時価が取得原価を上回る銘柄に係る評価差額（評価差益）は，税効果相当額を控除した額を純資産の部に計上し，時価が取得原価を下回る銘柄に係る評価差額（評価差損）は，有価証券評価損として全額を当期の損失として処理する」部分純資産直入法を適用することも認められています（金融商品会計実務指針73）。

なお，連結財務諸表においては，純資産の部に計上される評価差額の当期変動額をその他の包括利益として，企業会計基準第25号「包括利益の表示に関する会計基準」に従って，連結包括利益計算書または連結損益及び包括利益計算書に表示する必要があります（外貨建取引実務指針16）。

以上をまとめると図表2－4のようになります。

図表２－４　外貨建その他有価証券の決算処理

市場価格があるか	種類	債券を債券金額より低い価額または高い価額で取得した場合において，取得価額と債券金額との差額の性格が金利の調整と認められるか	
ある	株式	—	（図表２－５参照）
	債券	認められる	（図表２－６参照）
		認められない	（図表２－７参照）
ない	株式	—	（図表２－８参照）
	債券	認められる	（図表２－９参照）
		認められない	（図表２－10参照）

図表２－５

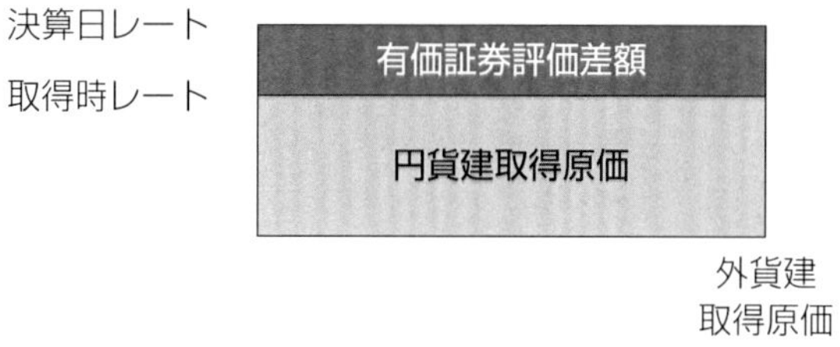

決算日レート
取得時レート
有価証券評価差額
円貨建取得原価
外貨建
取得原価

図表２－６

【原則法】

決算日レート
期中平均レート
取得時レート
有価証券評価差額
有価証券利息
円貨建取得原価
外貨建
取得原価
外貨建
償却原価

【容認法】

決算日レート
期中平均レート
取得時レート
為替差損益
有価証券利息
円貨建取得原価
外貨建
取得原価
外貨建
償却原価

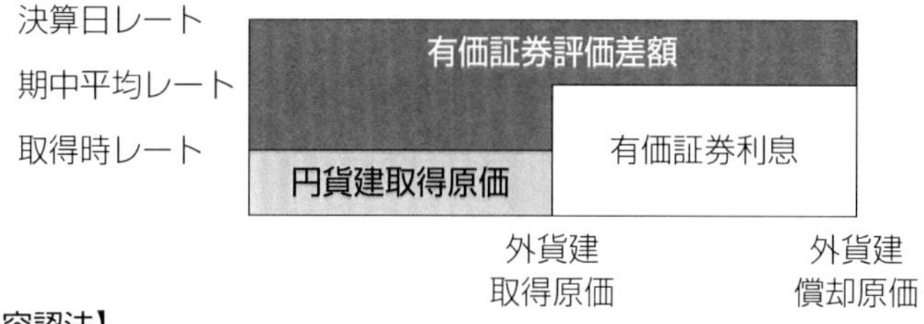

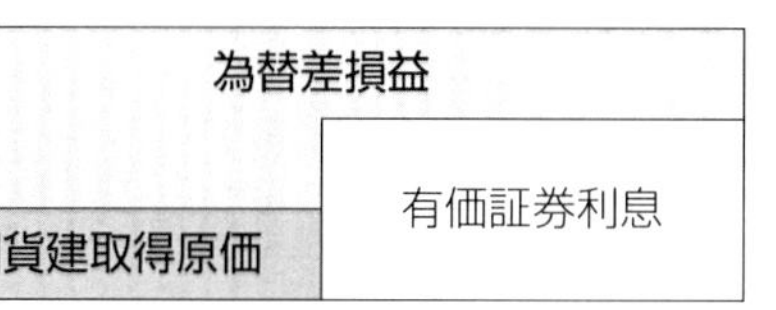

図表2－7

【原則法】

【容認法】

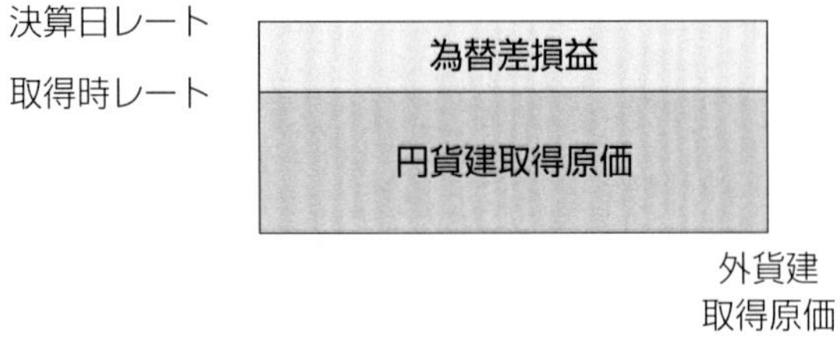

図表2－8

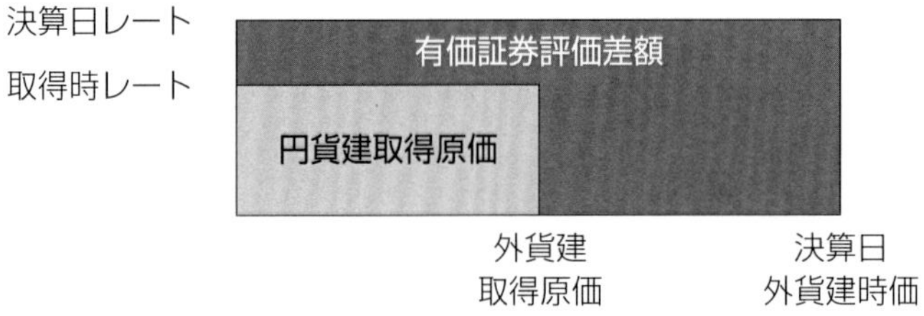

図表2－9

【原則法】

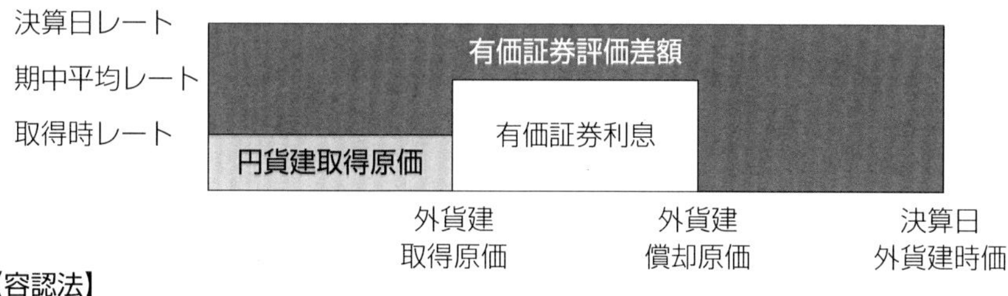

【容認法】

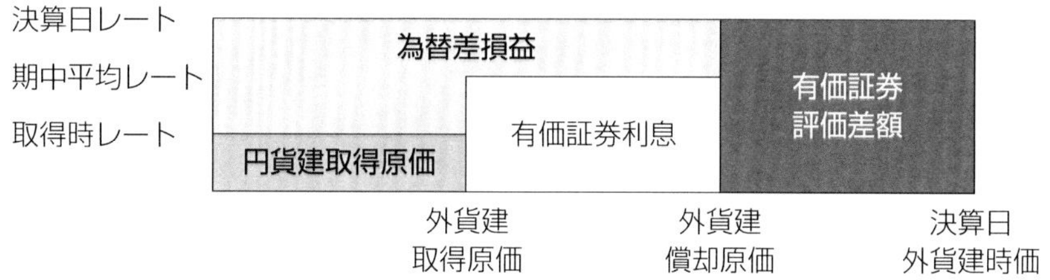

図表2－10

【原則法】

決算日レート

取得時レート

有価証券評価差額

円貨建取得原価

外貨建
取得原価

決算日
外貨建時価

【容認法】

決算日レート

取得時レート

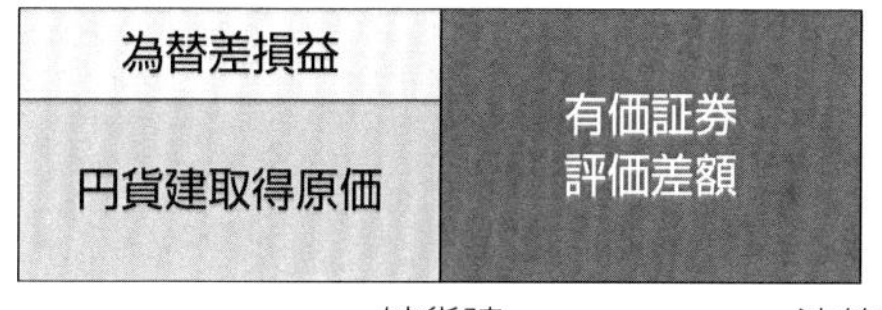

設例2－3　外貨建その他有価証券の会計処理（上記図表2－9に該当）

前提条件

- A社（3月決算）は，以下の条件で外貨建債券を取得し，その他有価証券と分類した。
- 取得価額と債券金額（額面）の差額は，すべて金利の調整額として取り扱い，償却原価法の適用にあたって簡便法である定額法を採用する。
- 当該債券の帳簿価額と税務上の資産計上額との差額は将来加算一時差異に該当するとして，税効果会計を適用する。
- A社は全部純資産直入法を採用している。

取得日	1月1日
取得価額	960ドル
額面	1,000ドル
満期	6月30日
クーポン利率	4％
利払日	6月末日

- 当該債券時価は以下である。

取得日（1月1日）	960ドル
決算日（3月31日）	985ドル
満期日（6月30日）	1,000ドル

- 為替レートは以下である。

取得日（1月1日）	100円/ドル
期中平均レート（1月1日～3月31日）	105円/ドル
決算日（3月31日）	110円/ドル
期中平均レート（4月1日～6月30日）	115円/ドル
満期日（6月30日）	120円/ドル

- なお，実効税率は30％とする。

(会計処理)

＜取得日（1月1日）＞ （単位：円）

（借）	その他有価証券	(※)96,000	（貸）	現金預金	96,000

（※）960ドル×100円/ドル＝96,000円

原則法

＜決算日（3月31日）＞ （単位：円）

（借）	未収利息	(※2)1,100	（貸）	有価証券利息	(※1)1,050
				為替差損益	(※3)50
（借）	その他有価証券	(※4)2,100	（貸）	有価証券利息	(※4)2,100
（借）	その他有価証券	(※5)10,250	（貸）	繰延税金負債	3,075
				その他有価証券評価差額金	(※6)7,175

（※1） 有価証券利息（発生期間の期中平均レートで換算）
1,000ドル×4％÷12か月×3か月×105円/ドル＝1,050円

（※2） 未収利息（決算日レートで換算）
1,000ドル×4％÷12か月×3か月×110円/ドル＝1,100円

（※3） 未収利息に係る換算差額
1,100円－1,050円＝50円

（※4） 利息の調整額とすべき償却額（帳簿価額への加算額）
(1,000ドル－960ドル)÷6か月×3か月×105円/ドル＝2,100円

（※5） 外貨建ての時価を決算日の為替レートで換算した額から，取得時帳簿価額を控除。
985ドル×110円/ドル－96,000円＝12,350円
当期償却額（利息調整額）を控除。
12,350円－2,100円＝10,250円

（※6） 評価差額のうち，税効果相当額を控除。
10,250円－(10,250円×30％)＝7,175円

＜翌期首（4月1日）＞ （単位：円）

（借）	繰延税金負債	3,075	（貸）	その他有価証券	10,250
	その他有価証券評価差額金	7,175			

＊前期末計上の戻入処理。

容認法

＜決算日（3月31日）＞ （単位：円）

（借）	未収利息	(※2)1,100	（貸）	有価証券利息	(※1)1,050
				為替差損益	(※3)50
（借）	その他有価証券	(※4)2,100		有価証券利息	(※4)2,100
（借）	その他有価証券	(※5)10,250		繰延税金負債	165
				その他有価証券評価差額金	(※6)385
				為替差損益	(※7)9,700

（※1）～（※5）は原則法と同様。

（※6） 外貨建時価と外貨建償却原価の差額を決算日レートで換算したものを評価差額として処理します。

[985ドル－{960ドル＋(1,000ドル－960ドル)÷6か月×3か月}]×110円/ドル＝550円

評価差額のうち，税効果相当額を控除。

550円－(550円×30%)＝385円

（※7） 外貨建償却原価の為替換算差損益を為替差損益として損益処理します。

980ドル×110円/ドル－(96,000円＋2,100円)＝9,700円

＜翌期首（4月1日）＞ （単位：円）

（借）	繰延税金負債	165	（貸）	その他有価証券	550
	その他有価証券評価差額金	385			

＊前期末計上の戻入処理。

外貨建取引実務指針では，償却原価法を適用する外貨建満期保有目的債券に係る償却額は，債券の保有期間に対応させた期中平均レートで換算することが理論的としつつも，実務上の煩雑性を考慮して単に「期中平均相場」としており，会計期間を通じた平均レートでの換算も認められると考えられます（外貨建取引実務指針56）。

上記設例では，外貨建その他有価証券の保有期間に応じた期中平均レートを前提として挙げ，理論的な償却額を仕訳金額として記載しています。

Q2-5　外貨建子会社株式・関連会社株式の会計処理

Q	外貨建子会社株式・外貨建関連会社株式の会計処理について教えてください。
A	取得時，決算日，売却時のいずれも外貨建ての取得原価×取得時レートで換算します。

解説

金融商品会計基準において，子会社および関連会社への投資は，資金運用目的ではなく，事業投資目的で行われる性質のものであるため，時価の変動を財務活動の成果とは捉えないという考え方から，取得原価をもって貸借対照表価額とすることとされています（金融商品会計基準17）。外貨建取引会計基準においても，この考え方を受け，外貨建子会社および関連会社株式は，取得原価，すなわち決算時レートで換算することはせず，取得時のレートで換算した原価を据え置いて貸借対照表価額とすることになります（外貨建取引会計基準一2(1)③ハ）。

なお，連結財務諸表における外貨建子会社および関連会社株式の取扱いは，「第3章　在外支店・在外子会社等」で詳細を記載しています。

設例2－4　外貨建子会社株式の会計処理

前提条件

1月1日　A社（3月決算）は，米国を拠点するB社の発行する全株式を20百万ドルで取得し，完全子会社とした。

為替レートは以下である。

取得日（1月1日）	100円/ドル
決算日（3月31日）	110円/ドル

（会計処理）

<株式取得日（1月1日）>　　(単位：百万円)

（借）子会社株式	2,000	（貸）現金預金	2,000

<決算日（3月31日）>

仕訳なし

Q2-6 外貨建有価証券の減損判定

Q 外貨建有価証券の時価の著しい下落または実質価額の著しい低下により評価額の引下げが求められる場合，円貨ベースと外貨ベースのどちらで判定するのですか。

A 外貨ベースで判定します。

解説

1．外貨建有価証券の評価減の概要

外貨建有価証券について時価の著しい下落または実質価額の著しい低下により評価額の引下げが求められる場合には，当該外貨建有価証券の外貨建ての時価または実質価額を決算時の為替レートにより円換算することが要求されています（外貨建取引会計基準一2⑴③ニ）。

この場合に生じる換算差額は，すべて当期の有価証券評価損として損失処理されることになります。

2．対象範囲

貸借対照表に取得原価または償却原価で計上される有価証券，および評価差額が損益に計上されない有価証券が対象となっており，評価差額が損益に計上される売買目的有価証券は対象外となります。

したがって，子会社株式や関連会社株式であっても，評価額の引下げが要求される場合，決算日の為替レートで換算する必要があります。

3．著しい下落または低下を判断する際に用いるベース

外貨建取引実務指針において，外貨建株式については，外貨建ての時価または外貨建ての実質価額と，外貨建ての取得原価とを比較して著しく下落または低下しているかどうかの判断をすることが要求されています（外貨建取引実務指針18，19）。これは，減損の判断について，為替レートの変動の影響を加味すべきではないという考え方に基づいています。

ただし，市場価格のない外貨建有価証券のうち，著しい物価変動等を起因とした為替レートの変動が認められ，実質価額が著しく低下したことにより評価額の引下げが求められるものについては，再評価（インフレ会計を適用したことにより，実質的に再評価している場合を含みます）後の外貨による実質価額を決算時のレートで評価することができます。

設例2－5　外貨建有価証券の減損①

前提条件

A社（3月決算）で保有している米国非上場株式（その他有価証券として分類している）1株について，以下のとおり株式の外貨建ての実質価額が著しく低下している。

- 取得価額500ドル
- 決算日現在の発行会社の1株当たり純資産240ドル

為替レートは以下である。

取得日	100円/ドル
決算日（3月31日）	110円/ドル

会計処理

<決算日（3月31日）>　（単位：円）

（借）有価証券評価損	(※)23,600	（貸）その他有価証券	23,600

（※）　決算時において，外貨建ての実質価額（1株当たり純資産）が取得価額を50%以上低下（(500ドル－240ドル)/500ドル＝52%）しているため，減損を計上します。
500ドル×100円/ドル－240ドル×110円/ドル＝23,600円

<翌期首>

仕訳なし

＊評価減後の実質価額を翌期首の取得原価として修正するため，仕訳は不要です。

設例 2－6　外貨建有価証券の減損②

前提条件

A社（3月決算）で保有している米国非上場株式（その他有価証券として分類している）1株について，以下のとおり株式の円建ての実質価額が著しく低下している。

- 取得価額400ドル
- 決算日現在の発行会社の1株当たり純資産300ドル

為替レートは以下である。

取得日	120円/ドル
決算日（3月31日）	70円/ドル

会計処理

<決算日（3月31日）>

仕訳なし(※)

（※）　決算時において，円貨の実質価額は50%以上低下している$\left(\frac{\text{400ドル×120円/ドル－300ドル×70円/ドル}}{\text{400ドル×120円/ドル}}=56\%\right)$ものの，外貨建ての実質価額（1株当たり純資産）が取得価額から50%以上低下していない（(400ドル－300ドル)/400ドル＝25%）ため，評価減は不要です。

4．急激な円高により，円換算後の金額が著しく下落する債券の会計処理

その他有価証券に区分されている外貨建債券について，外貨建てでは時価の著しい下落が生じていなくても，為替レートの著しい円高相場により，円建ての実質価額が著しく下落している場合は，外貨建ての時価を決算時の為替レー

トで換算し，換算差額を当期の損失として処理する必要があります（外貨建取引実務指針19なお書き以下）。

設例２－７　外貨建有価証券の減損③

（前提条件）

Ａ社（３月決算）で保有している上場債券（その他有価証券として分類している）について，決算日現在の状況は以下のとおりである。

- 取得価額90ドル
- 決算日の時価90ドル

為替レートは以下となっており，円相場が著しく上昇している。

取得日	120円/ドル
決算日（３月31日）	70円/ドル

（会計処理）

<決算日（３月31日）>　（単位：円）

（借）	有価証券評価損	(※)4,500	（貸）	その他有価証券	4,500

（※）外貨建ての時価は下落していないが，円相場の急激な上昇により，円換算後の時価が著しく下落していると判断されるため，評価減を行います。

90ドル×120円/ドル－90ドル×70円/ドル＝4,500円

<翌期首>

仕訳なし

＊評価減の実質価額を翌期首の取得原価として修正するため，仕訳は不要です。

Q2-7 外貨建その他有価証券（外国株式（市場性あり））の評価減の可否

Q	外貨ベースでは時価が上昇しているが，円貨ベースで50%超の下落となっている，債券以外のその他有価証券に対して強制評価減を行うことは可能ですか。
A	債券以外のその他有価証券に対して強制評価減を行うことは不可能です。

解説

その他有価証券に当たる外国株式（市場性あり）について，外貨ベースでは時価は上昇しているが，円高のため円貨ベースでは取得価額の半額以下に下落しているような場合，外貨建取引実務指針第19項の規定に従い，外貨ベースで時価の下落を判断することとなりますが，強制評価減はできないのか，また，強制評価減ができない場合には換算差額部分を為替差損として処理することは可能かどうかが論点となります。また，逆のケースとして，外貨ベースでは取得価額の半額近くまで時価が下落しているが円貨ベースでは下落していない場合の取扱いも論点となります。

外貨建取引実務指針第19項にあるように，時価のある外貨建有価証券の場合，「著しく下落したかどうか」および回復可能性の判断は外貨ベースで行います。これは金融商品会計実務指針第91項と同様の判断基準になります。ただし，外貨建その他有価証券のうち債券については，償還期日が明確であることから，時価が著しく下落していなくても急激な円高等により，円換算後の金額が著しく下落し，償還円貨額に重要な為替差損の発生が見込まれる場合には，外貨建ての時価を決算時の為替相場により円換算した結果生じる換算差額を当期の損失（為替差損）として処理することを要求しています（外貨建取引実務指針19なお書き以下）。

したがって，この外国株式のケースでは，有価証券の強制評価減および為替差損としての処理はいずれもできないことになります。ただし，外貨建その他有価証券の換算差額は，原則として金融商品会計基準の評価差額に関する処理方法に従うものとされていますので，その他有価証券に係る評価差額の処理方法として，いわゆる「部分純資産直入法」を採用した場合には，時価（＝決算時の時価×決算時レート）が取得価額を下回る銘柄に係る評価差損は当期の損失として処理することになります。この場合は外貨建有価証券のみならず，円貨建てのその他有価証券に係る評価差額についても，評価差損部分についてはすべて当期の損失として処理する必要があります。なお，外貨ベースでの下落率が30%を超える場合には，金融商品会計実務指針第91項による強制評価減の検討対象になります。

Q2-8　外貨建有価証券の売却損益

Q	外貨建有価証券の売却損益を「為替差損益」と「有価証券売却損益」とに区分して計上することは，現行の取扱いにおいて認められるでしょうか。
A	区分して計上できるとする定めはありません。

解　説

外貨建有価証券の売却損益については，円ベースでの有価証券簿価と円換算した有価証券売却額総額との差額を売却損益として会計処理する方法が一般的に認められた会計慣行となっています。この売却損益を「為替差損益」と「有価証券売却損益」とに分けて計上できるとする定めはありません。

したがって，今後，業種の特殊性を踏まえ，別途の取扱いが公表されるまでは，外部公表用の財務諸表上，外貨建有価証券の売却損益は，一般的な会計慣行に従い「有価証券売却損益」として計上することになります。

Q2-9 非上場外貨建株式の開示

Q	非上場外貨建株式を決算日レートで換算しており，広い意味で時価評価されたと考え，「金融商品に関する注記」および「有価証券に関する注記」の両方に開示すべきでしょうか。それとも，「時価を把握することが極めて困難と認められる金融商品」として「金融商品に関する注記」のみで開示すべきでしょうか。
A	「金融商品に関する注記」のみで開示すべきです。

解 説

非上場外貨建株式は，外貨建ての取得価額を決算日の直物為替レートで換算して貸借対照表価額とします（外貨建取引実務指針15）が，外貨換算において，決算日の直物為替レートによる換算は，従来から「評価」ではなく「円貨への換算」であると考えられているため，当該非上場外貨建株式は時価評価されたとは解さずに，「時価を把握することが極めて困難と認められる金融商品」であると解するのが適当であると考えます。

「有価証券に関する注記」において，有価証券の区分ごとに時価情報を開示することが求められます（財規８の７Ⅰ，連規15の６Ⅰ）が，当該非上場外貨建株式は「時価を把握することが極めて困難と認められる金融商品」であるため，「有価証券に関する注記」の時価情報の開示対象とはされません。

なお，「金融商品に関する注記」においては，金融商品に関する開示が求められます（財規８の６の２，連規15の５の２）が「時価を把握することが極めて困難と認められる金融商品」については，時価の把握が困難な旨およびその理由，（連結）貸借対照表計上額の注記が必要となりますのでご留意ください。

Q2-10 仮想通貨

Q	仮想通貨からも為替差損益が発生するのですか。
A	時価があるとみなされる場合は，期末において時価評価を行い，評価損益を計上するものの，為替差損益とは異なる勘定で計上することとなります。

解説

1．仮想通貨の概要

「仮想通貨」とは，資金決済法第2条第5項に規定する仮想通貨をいい，以下のように定義されます。

(1) 物品を購入し，もしくは借り受け，または役務の提供を受ける場合に，これらの代価の弁済のために不特定の者に対して使用することができ，かつ，不特定の者を相手方として購入および売却を行うことができる財産的価値（電子機器その他の物に電子的方法により記録されているものに限り，本邦通貨および外国通貨ならびに通貨建資産を除く。(2)において同じ）であって，電子情報処理組織を用いて移転することができるもの

(2) 不特定の者を相手方として(1)に掲げるものと相互に交換を行うことができる財産的価値であって，電子情報処理組織を用いて移転することができるもの（資金決済法2Ⅴ）

具体的にはビットコイン，イーサリアムなどが有名かと思います。いわゆる外国通貨には該当しませんが，性質としては近い部分もあることから本問で会計処理の解説を行います。

2．仮想通貨の会計処理

仮想通貨に関する会計基準は2019年12月末時点で公布されていません。しかし，仮想通貨の当面の最低限の取扱いを明らかにすることを目的として実務対応報告第38号「資金決済法における仮想通貨の会計処理等に関する当面の取扱い」（以下「仮想通貨の取扱い」といいます）が公表されており，会計処理の参考となります。

決算時の処理として，仮想通貨は原則として時価が存在する限り時価で評価し，簿価との差額を当期の損益として処理します（仮想通貨の取扱い５）。

時価が存在しない場合は取得原価で評価し，処分見込価額が取得原価を下回る場合は当該処分見込価額で評価し，その差額を当期の損失として処理します（仮想通貨の取扱い６）。

設例２－８　仮想通貨の会計処理

前提条件

- Ａ社（３月決算）はいわゆる仮想通貨交換業者には該当せず，「仮想通貨の取扱い」上の仮想通貨利用者に該当する。
- Ａ社が購入する仮想通貨Ｂには活発な市場が存在し，時価情報が継続的に提供されている。
- Ａ社は仮想通貨販売所Ｃ社の取引実績が最も大きい。
- 仮想通貨販売所Ｃ社は取引手数料０円をうたっており，取引手数料は発生しない。

［Ｃ社の提示レート］

１月１日 （取得日）	ビッド（交換業者の売値，Ａ社にとっては買値）：2,000
	アスク（交換業者の買値，Ａ社にとっては売値）：1,800

３月31日 （決算日）	ビッド（交換業者の売値，Ａ社にとっては買値）：1,000
	アスク（交換業者の買値，Ａ社にとっては売値）：900

５月31日 （売却日）	ビッド（交換業者の売値，Ａ社にとっては買値）：600
	アスク（交換業者の買値，Ａ社にとっては売値）：540

会計処理

<取得日（1月1日）>　（単位：千円）

（借）	仮想通貨	(※)2,000	（貸）現金預金	2,000

（※）　Ａ社の買値となるため，ビッドの価格2,000となります。交換業者が，仮想通貨取引所の場合は取引手数料が発生し，その場合，取引手数料が上記金額に含められます。なお，Ｃ社は仮想通貨販売所であり，取引手数料を取っていませんが，ビッドアスクの差額から利益を獲得しており，当該差額が実質的には取引手数料に該当します（Ａ社仕訳上は考慮する必要はありません）。

＜決算日（3月31日）＞

（単位：千円）

（借）	仮想通貨評価損	(※1)1,100	（貸）	仮　想　通　貨	1,100

（※1）　取得価額2,000－3月31日のアスク 900(※2)＝1,100

（※2）「仮想通貨の取扱い」上はビッド，アスク，あるいはこれらの中間値であるミッドのいずれを使用するか明記されていません。しかし，「仮想通貨の取扱い」第6項で時価のない仮想通貨に対して取得原価と処分見込価額の低いほうを貸借対照表価額とするとしていることとの整合性を鑑みると，処分見込価額に相当するアスクの金額900を期末貸借対照表価額とし，その差額を評価損益として認識するのが妥当と考えられます。

＜売却日（5月31日）＞

（単位：千円）

（借）	現　金　預　金	(※1)540	（貸）	仮　想　通　貨	900
	仮想通貨売却損	(※2)360			

（※1）　5月31日のアスク 540。A社が5月31日に販売できた価格。

（※2）　期末貸借対照表価額900－540＝360

第3章

在外支店・在外子会社等

Point

- 在外支店の財務諸表は原則として本店と同様の換算方法により換算します。
- 在外子会社等の財務諸表は資産および負債は決算日レートにより換算し，収益および費用は原則として期中平均レートを用いて換算します。

Q3-1 在外支店の財務諸表の換算方法

Q	在外支店の財務諸表の換算方法を教えてください。
A	在外支店の財務諸表は本店の個別財務諸表の構成要素となることから，原則として本店と同様の処理を行うことになります。ただし，貸借対照表項目，収益および費用の換算についてそれぞれ特例の処理が認められています。

解説

1．在外支店の財務諸表の換算方法

外貨建取引会計基準において，在外支店における外貨建取引は原則として本店と同様に処理するとされています（外貨建取引会計基準二）。これは，在外支店の財務諸表が，本店の個別財務諸表の構成要素となることから，本店の外貨建取引の換算処理と整合されることが重要と考えられているためです。

ただし，本店と同様の処理を原則としつつも，在外支店が１つの会計単位として現地通貨建支店財務諸表を作成しており，これを本店の円建財務諸表と合算して本支店合併財務諸表を作成する場合，特例として以下の方法により現地通貨建支店財務諸表を換算することが認められています。

2．貸借対照表項目の換算の特例

棚卸資産や固定資産等の非貨幣性項目の額に重要性がない場合には，支店における本店勘定等を除くすべての貸借対照表項目を決算日レートで換算することができます（外貨建取引会計基準二２）。

当該特例を採用する場合の重要性については，在外支店の保有する非貨幣性項目の金額を外貨建取引会計基準の原則的な換算方法によって換算した結果と換算の特例によって換算した結果との差額が，当期純利益および利益剰余金に及ぼす影響に基づいて判断します。当該差額が当期純利益および利益剰余金に及ぼす影響が重要でないと判断した場合に当該特例を採用することができます。

３．収益および費用の換算の特例

「２．貸借対照表項目の換算の特例」が認められる場合にはすべての収益および費用についても決算日レートで換算することができます（外貨建取引会計基準二２）。

また，前受金や前払費用等の収益性負債の収益化額および費用性資産の費用化額を除いて，収益および費用の換算については期中平均レートによることができます（外貨建取引会計基準二１）。収益および費用の換算に用いる期中平均レートには，収益および費用が帰属する月または四半期等を算定期間とする平均レートを用いることができます（外貨建取引会計基準注解（注12））。

４．棚卸資産の評価

在外支店において，外貨建てで表示されている棚卸資産の評価の切下げが求められている場合には，外貨建ての時価または実質価額を決算日レートにより円換算した額を用います（外貨建取引会計基準注解（注11））。

Q3-2　在外支店の財務諸表の換算の手順

Q	在外支店の財務諸表の換算の手順を教えてください。
A	現地通貨建てで作成されている支店財務諸表を換算する手順は以下の解説のとおりです。

解　説

現地通貨建てで作成されている支店財務諸表を原則的な方法により換算する手順は以下のとおりです。

① 貸借対照表項目を採用している換算方法により換算し，円建ての貸借差額を支店の当期純利益とする。
② 損益計算書項目を採用している換算方法により換算し，円建ての貸借差額と，

①で算出した円建当期純利益との差額を為替差損益として処理する。

設例３－１　在外支店の財務諸表の換算

前提条件

① Ａ社（３月決算）はX1年４月１日に支店を米国に設置した。

② X1年４月１日に本店から200ドルを米国支店に送金した。

③ X1年12月31日に米国支店は本店から商品Ｘ（100ドル）および固定資産Ｙ（100ドル）を購入した。

④ X2年３月31日に米国支店は商品Ｘを外部の会社に150ドルで販売した。

⑤ X2年３月期末において減価償却費10を計上した。

⑥ 為替レートは以下のとおりである。

X1年４月１日	100円/ドル
X1年12月31日	110円/ドル
X2年３月31日	120円/ドル

［米国支店の現地通貨建貸借対照表］　（単位：ドル）

現金預金	150	本店	200
有形固定資産	90	当期純利益	40

［米国支店の現地通貨建損益計算書］　（単位：ドル）

売上原価	100	売上	150
減価償却費	10		
当期純利益	40		

財務諸表の換算

［米国支店の円建貸借対照表］

科目	外貨	レート	円貨	科目	外貨	レート	円貨
現金預金	150	120	18,000	本店	200	100	20,000
有形固定資産	90	110	9,900	当期純利益	90	—	(※１)7,900

（※１）　借方合計（18,000円＋9,900円）－貸方20,000円＝7,900円

［米国支店の円建損益計算書］

科目	外貨	レート	円貨	科目	外貨	レート	円貨
売上原価	100	110	11,000	売上	150	120	18,000
減価償却費	10	110	1,100	為替差損益	—	—	(※3)2,000
当期純利益	90	—	(※2)7,900				

（※2）　円建貸借対照表の貸借差額（※1）
（※3）　円建損益計算書項目の貸借差額と，円建貸借対照表の貸借差額で算出した円建当期純利益金額との差額

Q3-3　換算のパラドックス

Q	換算のパラドックスとはどのようなものですか。
A	外貨建損益計算書においては利益（または損失）が計上されており，換算後の損益計算書においては損失（または利益）が生じることをいいます。

解説

現地通貨建ての支店財務諸表を原則的な方法により換算した場合に，現地通貨建ての財務諸表では利益が生じていたとしても，円貨に換算した財務諸表では損失が計上されるケースがあります。また，この逆のケースもあります。このような状態を換算のパラドックスといいます。

設例3－2　在外支店の財務諸表の換算──換算のパラドックス

前提条件

① A社（3月決算）はX1年4月1日に支店を米国に設置した。
② X1年4月1日に本店から200ドルを米国支店に送金した。
③ X1年12月31日に米国支店は本店から商品X（100ドル）および固定資産Y（100ドル）を購入した。
④ X2年3月31日に米国支店は商品Xを外部の会社に150ドルで販売した。

⑤　X2年３月期末において減価償却費10を計上した。

⑥　為替レートは以下のとおりである。

X1年４月１日	120円/ドル
X1年12月31日	100円/ドル
X2年３月31日	80円/ドル

［米国支店の現地通貨建貸借対照表］　（単位：ドル）

現金預金	150	本店	200
有形固定資産	90	利益剰余金 （当期純利益）	40

［米国支店の現地通貨建損益計算書］　（単位：ドル）

売上原価	100	売上	150
減価償却費	10		
当期純利益	40		

財務諸表の換算

［米国支店の円建貸借対照表］

科目	外貨	レート	円貨	科目	外貨	レート	円貨
現金預金	150	80	12,000	本店	200	120	24,000
有形固定資産	90	100	9,000	利益剰余金 （当期純利益）	40	—	（※１）△3,000

（※１）　借方合計（12,000円＋9,000円）－貸方24,000円＝△3,000円

［米国支店の円建損益計算書］

科目	外貨	レート	円貨	科目	外貨	レート	円貨
売上原価	100	100	10,000	売上	150	80	12,000
減価償却費	10	100	1,000				
為替差損益	—	—	（※３）4,000				
当期純損失	40	—	（※２）△3,000				

（※２）　円建貸借対照表の貸借差額（※１）

（※３）　円建損益計算書項目の貸借差額と，円建貸借対照表の貸借差額で算出した円建当期純損失金額との差額

Q3-4 在外子会社等の財務諸表の換算方法

Q	在外子会社等の財務諸表の換算方法を教えてください。
A	資産および負債は決算日レートにより換算し，収益および費用は原則として期中平均レートを用いて換算します。ただし，決算時レートを用いて損益項目を換算する方法も認められています。

解説

1．在外子会社等の財務諸表の換算方法

在外子会社または在外関連会社（以下「在外子会社等」といいます）の財務諸表は，一般的に当該在外子会社等が所在する国の現地通貨により記録されるため，連結財務諸表の作成または持分法の適用にあたり，在外子会社等の現地通貨で表示されている項目について換算することが必要になります。

2．資産および負債の換算方法

在外子会社等の財務諸表のうち，資産および負債については，決算日レートにより円換算します（外貨建取引会計基準三１）。なお，親会社の財務諸表に計上されている在外子会社等の債権債務についても同様に決算日レートで換算します。

3．収益および費用の換算方法

収益および費用については，原則として期中平均レートによって円換算します。ただし，収益および費用を決算時レートにより円換算する方法も認められています。なお，親会社との取引による収益および費用の換算については，親会社が用いるレートにより換算し，生じる差額は当期の為替差損益として処理します（外貨建取引会計基準三２）。

4．在外子会社等の財務諸表の換算の手順

連結決算における在外子会社等の財務諸表の換算は，以下の手順に従って行

います。

① 損益計算書を円貨に換算し，円建当期純利益を算出する。
② 円建損益計算書から算出された円建当期純利益を株主資本等変動計算書に計上し，期末剰余金残高を算出する。
③ 貸借対照表を円貨に換算し，株主資本等変動計算書で求められた期末剰余金残高を円建貸借対照表に計上する。
通常は，貸借対照表の貸借が一致しないため，調整項目として為替換算調整勘定を純資産の部の内訳項目として計上する。

図表3-1 換算手順のフローチャート

損益計算書

費用	AR	収益	AR
為替差損益	(※)		
当期純利益	AR		

(※) 親会社に対する取引による収益および費用の換算から生じる差額は為替差損益として処理する。

株主資本等変動計算書

		資本金	剰余金	為替換算調整勘定
前期末残高		HR	前期から繰越	—
当期変動額	増資	HR		—
	当期純利益	—	AR	—
	配当	—	決議日レート	—
	為替換算調整勘定	—	—	貸借対照表の貸借差額
当期末残高		HR	貸借差額	貸借対照表の貸借差額

貸借対照表

資産	CR	負債	CR
		資本金	HR
		剰余金	株主資本等変動計算書の貸借差額
		為替換算調整勘定	貸借差額
資産合計	CR	負債および純資産合計	CR

AR：期中平均レート　HR：取得日レート　CR：決算日レート

Q3-5 在外子会社等の決算日が連結決算日と異なる場合の換算方法

Q	在外子会社等の決算日が連結決算日と異なる場合の換算方法を教えてください。
A	資産および負債については，在外子会社等の決算日レートを適用します。収益および費用については，原則として在外子会社等の会計期間に基づく平均レートを適用します。

解　説

連結財務諸表の作成にあたって，子会社の決算日が連結決算日と異なる場合には，子会社は連結決算日に正規の決算に準ずる合理的な手続により決算を行います（連結会計基準15）。

この場合における在外子会社等の財務諸表の換算については，資産および負債は連結決算日レートを適用し，収益および費用は連結会計期間に基づく平均レートではなく，原則として当該在外子会社等の会計期間に基づく平均レートを適用します。

なお，在外子会社等の決算日と連結決算日との差異期間内において，為替レートに重要な変動があり，その変動が連結財務諸表に重要な影響を与える場合には，連結決算日において正規の決算に準ずる合理的な手続による決算を行い，当該決算手続の結果作成された当該在外子会社等の貸借対照表の資産および負債項目を，連結決算日における為替レートで換算しなければなりません。これは，連結決算日時点での在外子会社等の円建ての財政状態を連結財務諸表に反映させるためです（外貨建取引実務指針33，71）。

Q3-6 未実現損益の消去に係る換算方法

Q	外貨建資産に含まれる未実現損益の消去に使用する為替レートを教えてください。
A	消去すべき未実現損益は，原則として取得時または発生時の為替レートで換算します。

解 説

連結会社間の棚卸資産の売買およびその他の取引に係る未実現損益は，売却日に売却元で発生することになります。このため，消去すべき未実現損益の金額は，原則として取得時または発生時の為替レートで換算されることになります。ただし，以下のような合理的な為替レートを使用して，未実現損益を計算することが認められています（外貨建取引実務指針45）。

1．国内会社から在外子会社等へ資産を売却した場合

原則として，売却元の売却価格に売却元の利益率を乗じることにより未実現損益を算出します。ただし，実務上，この方法が困難な場合には，購入先における外貨建資産残高に売却元の利益率を乗じた外貨額に，決算時レートまたは購入先での資産保有期間に基づいて算出した平均レートを用いて換算することができます。

なお，減価償却資産が国内会社から在外子会社等へ売却された場合，当該減価償却資産の未実現損益は，在外子会社等における減価償却により部分的に実現することになります。在外子会社等で計上した減価償却費の円換算後の金額は，原則として期中平均レートで換算されるため為替レートの変動の影響を受けることになります。

一方で，未実現損益の円換算額は売却年度に確定しているため，未実現損益の実現額（戻入額）は為替レートの変動の影響を受けません。したがって，当該未実現損益は，在外子会社等における減価償却資産の減価償却方法および耐用年数等に基づき規則的に実現していくことになります。

このような減価償却資産に係る未実現損益の戻入れの処理は，以下の考え方により認められています（外貨建取引実務指針45，78）。

> ①　親子会社間の取引から発生した未実現損益は，売却元において売却日に確定したものと考えられる。
> ②　当該取引は，親子会社間の取引高の修正として捉えるよりも，為替レートの変動の結果であると捉えるほうが妥当であると考えられる。
> ③　未実現損益の消去は，資本項目である利益剰余金に反映されるが，上記の処理は，株式の取得後に生じた株主資本に属する項目については当該項目の発生日の為替レートによって換算した円貨額を付すという外貨建取引会計基準の処理と整合している。

2．在外子会社等から国内会社へ資産を売却した場合

原則として，売却元の売却価格に売却元の利益率を乗じた外貨額を取得時の為替レートを用いて算出します。ただし，実務上，この方法が困難な場合には，購入先における円貨建ての資産残高に売却元の利益率を乗じて算出することが認められています（外貨建取引実務指針45）。

未実現損益の消去に係る換算方法をまとめると，図表3－2のとおりとなります。

図表3－2　未実現損益の消去に係る換算方法

	原則的な方法		認められている方法	
	未実現損益	為替レート	未実現損益	為替レート
①国内会社から在外子会社等へ資産を売却した場合	売却元（国内会社）の円建売却価格×売却元（国内会社）の利益率	― （円貨での取引のため）	購入先（在外子会社等）の外貨建資産残高×売却元（国内会社）の利益率	決算時レートまたは購入先での資産保有期間に基づいて算出した平均レート
②在外子会社等から国内会社へ資産を売却した場合	売却元（在外子会社等）の外貨建売却価格×売却元（在外子会社等）の利益率	取得時レート	購入先（国内会社）の円建保有資産残高×売却元（国内会社）の利益率	― （円貨での取引のため）

Q3-7 資本項目の換算方法

Q	在外子会社等の資本項目の換算方法を教えてください。
A	親会社による在外子会社等の株式の取得時における資本項目は株式取得時の為替レートにより換算し，親会社による在外子会社等の株式の取得後に生じた資本項目は当該項目の発生時レートにより換算します。

解説

1．資本項目の換算方法

親会社による在外子会社等の株式の取得時における資本項目については，株式取得時の為替レートにより円換算します。また，親会社による在外子会社等の株式の取得後に生じた資本項目については，当該項目の発生時の為替レートにより円換算します（外貨建取引会計基準三２）。

ここで，資本とは，資本連結手続における相殺消去の対象となる在外子会社等の資本をいい，純資産の部における株主資本（資本金，資本剰余金，利益剰余金等），純資産の部における評価・換算差額等および資産および負債の時価評価差額等をいいます。

2．剰余金の換算

(1) 支払配当金の換算

在外子会社等において，支払配当金が配当決議日に現地通貨で記帳されている場合，支払配当金は当該配当決議日の為替レートを用いて換算することになります。この結果，その配当原資である在外子会社等の利益剰余金の円換算に用いられた発生時の為替レートと，配当決議日の為替レートから生じる差額は，連結財務諸表上，連結剰余金に含まれるとともに，同額が為替換算調整勘定に計上されることになります。これらの差額については，当該在外子会社等の株式が売却されるまで，あるいは当該在外子会社等が清算されるまで繰り延べられることになります（外貨建取引実務指針44）。

⑵ 支払配当金の換算方法

親子会社間の配当金の授受は，連結ベースで考えると留保利益の内部振替という資本取引と考えることができます。したがって，円貨に換算されても，為替差損益は発生せず，当該差額は連結剰余金に対応する為替換算調整勘定として繰り延べるべきと考えられます。これは，株主資本に関連する取引については，当該取引の発生時の為替レートで換算した円貨額を付すべきであるという外貨建取引会計基準の処理との整合性を保つためです（外貨建取引実務指針44，77）。

具体的には，以下の方法によって行われますが，いずれの方法を採用しても，これらの換算方法は親会社が受取配当金を計上している方法と一致するため，差額が発生することはありません。

① 取締役会で配当決議を行う国に所在する在外子会社等において，例えば，決算日に配当宣言がなされる場合には，当該決算日の為替レートを用いて換算する。
② 株主総会で配当決議を行う国に所在する在外子会社等において，親会社が繰上方式を採用して配当を計上する場合，親会社の決算日の為替レートを用いて換算する。
③ 株主総会で配当決議を行う国に所在する在外子会社等において，親会社が繰上方式を採用しない場合，剰余金の配当が確定した日の為替レートを用いて換算する。

なお，親会社が未収配当金を計上した後の為替レートの変動の影響額は，親会社において為替差損益として計上することになります。

⑶ 当期純利益の換算

損益計算書において円換算された当期純利益をそのまま計上します。

⑷ 期首剰余金および期末剰余金の換算

期末剰余金は，株主資本等変動計算書における各項目の円換算額を加減算することにより算出されます。その結果，期末剰余金は，資本項目の過去の加減算について取得時または発生時の為替レート，期中平均レートや配当決議時レートにより換算された円貨額を積み上げた金額となります。

また，期首剰余金については，前期末の円換算後の剰余金をそのまま引き継ぐことになります。

Q3-8 子会社外貨建貸付金の連結上の処理

Q	個別財務諸表上生じた子会社外貨建貸付金に係る為替差損益の連結上の処理を教えてください。
A	個別財務諸表において認識した連結子会社に対する外貨建貸付金に係る為替差損益は，連結財務諸表上も「為替差損益」として認識します。

解説

親会社の個別財務諸表において子会社外貨建貸付金は決算時の為替レートで換算され，損益計算書上で為替差損益が計上されます。

連結財務諸表において子会社外貨建貸付金は内部取引として消去されますが，個別財務諸表で認識した為替差損益は，連結財務諸表上も「為替差損益」として認識することになるものと考えられます。

連結グループ全体でみると，親会社が円で調達した資金を，海外子会社が外貨で運用していることになり，連結上は外貨建資産を保有していることになるため，連結損益計算書において為替差損益を認識することになります。

また，連結子会社貸付金の場合，ヘッジを行っているわけではないため，連結財務諸表上，為替換算調整勘定との相殺を行わず，為替差損益として処理することになると考えられます。

設例3－3 子会社外貨建貸付金の連結上の処理

前提条件

① A社（3月決算）はX1年4月1日，米国にB社（3月決算）を資本金100ドルにより設立した。

② X1年12月31日にＡ社はＢ社に対して100ドルの貸付けを行った。

③ 貸付金の利息および税金費用は考慮しない。

④ 為替レートは以下のとおりである。

X1年４月１日	120円/ドル
X1年12月31日	100円/ドル
X2年３月31日	80円/ドル

［X1年３月期のＡ社の貸借対照表］　（単位：円）

現金預金	30,000	資本金	30,000

会計処理

＜X1年４月１日（Ｂ社設立時）＞

Ａ社　（単位：円）

（借）	Ｂ社株式	(※)12,000	（貸）	現金預金	12,000

（※）100ドル×120円/ドル＝12,000円

Ｂ社　（単位：ドル）

（借）	現金預金	100	（貸）	資本金	100

＜X1年12月31日（貸付け時）＞

Ａ社　（単位：円）

（借）	貸付金	(※)10,000	（貸）	現金預金	10,000

（※）100ドル×100円/ドル＝10,000円

Ｂ社　（単位：ドル）

（借）	現金預金	100	（貸）	借入金	100

＜X2年３月31日（期末）＞

Ａ社　（単位：円）

（借）	為替差損	(※)2,000	（貸）	貸付金	2,000

（※）100ドル×（100円/ドル－80円/ドル）＝2,000円

［A社財務諸表］

貸借対照表　（単位：円）

現金預金	8,000	資本金	30,000
貸付金	8,000	利益剰余金 （当期純損失）	△2,000
B社株式	12,000		

損益計算書　（単位：円）

為替差損	2,000	当期純損失	2,000

［B社貸借対照表］

科目	外貨	レート	円貨	科目	外貨	レート	円貨
現金預金	200	80	16,000	資本金	100	120	12,000
				借入金	100	80	8,000
				為替換算調整勘定	—	—	△4,000

［連結仕訳］　（単位：円）

（借）	資本金	12,000	（貸）B社株式	12,000
	借入金	8,000	貸付金	8,000

［連結貸借対照表］　（単位：円）

現金預金	24,000	資本金	30,000
		利益剰余金 （当期純損失）	△2,000
		為替換算調整勘定	△4,000

［連結損益計算書］　（単位：円）

為替差損	2,000	当期純損失	2,000

Q3-9 在外子会社等への投資と資本の相殺消去

Q	在外子会社等への投資と資本の相殺消去のための換算方法を教えてください。
A	在外子会社等の各資本項目について以下のとおり換算します。 (1)　株主資本は発生時レートで換算します。 (2)　株式取得後に生じた評価・換算差額等は決算時レートで換算します。 (3)　簿価修正に伴う資産，負債および評価差額については支配獲得時の為替レートで換算します。

解説

１．資本連結手続上の資本

在外子会社等の資本連結手続において相殺消去される当該在外子会社等の資本の額は，以下のとおりです（外貨建取引実務指針36，資本連結実務指針９）。

> ①　個別貸借対照表上の純資産の部における株主資本
> ②　個別貸借対照表上の純資産の部における評価・換算差額等
> ③　資産および負債の時価と当該資産および負債の個別貸借対照表上の金額との差額（評価差額）

在外子会社等の資本の額の項目の換算については，当該項目の発生時レートにより換算します。また，親会社による株式の取得後に生じた評価・換算差額等については決算時レートにより換算します。

図表３－３　在外子会社等の投資と資本の相殺消去のための換算方法

資本の額の項目	換算レート
①個別貸借対照表上の純資産の部における株主資本	発生時レート
②個別貸借対照表上の純資産の部における評価・換算差額等	決算時レート
③資産および負債の時価と当該資産および負債の個別貸借対照表上の金額との差額（評価差額）	支配獲得時の為替レート

2．在外子会社等の簿価修正に伴う資産，負債および評価差額の換算

資本連結手続上，在外子会社等の資産および負債の時価評価によって生じた簿価修正額と，それに応じて認識した繰延税金資産または繰延税金負債は，在外子会社の個別財務諸表上の他の資産および負債と同様に，毎期，決算時の為替レートを用いて換算します（外貨建取引実務指針37）。

なお，評価差額は，全面時価評価法により，支配獲得時に，一度だけ資産および負債の時価評価を行うため，時価評価差額は，支配獲得時の為替レートにより換算されることになります。したがって，株式の追加取得あるいは一部売却がなされても，当該在外子会社等が連結子会社である限り，評価差額は固定されることになります。

また，当該在外子会社等の評価差額以外の資本についても，支配獲得時の為替レートにより換算されることになりますので，当該在外子会社等が連結子会社となった日以降に持分の変動があったとしても，連結子会社である限り資本連結手続において消去される円換算後の評価差額は固定されることになります。

3．非支配株主持分の計算

非支配株主持分は，資本のうちの非支配株主持分割合相当額を振り替えたものと考えることができます。

ここで，資本とは，資本連結手続における相殺消去の対象となる在外子会社等の資本をいい，純資産の部における株主資本，純資産の部における評価・換算差額等および資産および負債の時価評価差額をその構成要素としているため，株主資本項目の調整勘定と考えられる為替換算調整勘定も含まれます。

したがって，為替換算調整勘定を含む在外子会社等の資本のうちの非支配株主持分割合相当額は，在外子会社等の現地通貨による資本のうち，非支配株主持分割合相当額を決算時の為替レートを用いて換算した額と一致します（外貨建取引実務指針39）。

具体的には，全面時価評価法により，資産および負債の時価評価に係る評価差額を含む在外子会社等の現地通貨による資本のうち，非支配株主持分割合相当額を決算時の為替レートで換算した額が非支配株主持分となります。

なお，在外子会社が，在外孫会社を連結する場合，在外子会社の連結財務諸

表に計上された在外孫会社ののれんは，在外子会社の持分に係るものとなります。したがって，当該のれんから生じる為替換算調整勘定は，全額在外子会社の持分として取り扱い，在外孫会社の非支配株主持分への振替を行う必要はありません。

Q3-10　在外孫会社等への投資と資本の相殺消去のための換算方法

Q	在外孫会社等への投資と資本の相殺消去のための換算方法を教えてください。
A	「在外子会社が作成した連結財務諸表を親会社で換算して連結する方法」と，「親会社が在外子会社の財務諸表と在外孫会社の財務諸表を各々換算して連結する方法」が認められています。

解説

在外子会社等が，子会社（以下「在外孫会社等」といいます）を有しており，その孫会社の財務諸表を連結する場合，「在外子会社が作成した連結財務諸表を親会社で換算して連結する方法」と，「親会社が在外子会社の財務諸表と在外孫会社の財務諸表を各々換算して連結する方法」が認められています（外貨建取引実務指針38）。

これはいずれの方法によって換算した場合でも基本的に同一となると考えられるためです。ただし，円通貨，在外子会社等の現地通貨および在外孫会社等の現地通貨の3国間通貨に換算差額が生じる場合には連結財務諸表における為替換算調整勘定に差異が生じることになります。

Q3-11 のれんの換算方法

Q	在外子会社等ののれんの換算方法を教えてください。
A	のれんの期末残高については決算時レートにより換算します。のれんの償却費については，原則として在外子会社等の会計期間に基づく期中平均レートにより換算します。

解説

のれんまたは負ののれんとは，子会社に対する投資と子会社の資本のうち親会社持分との差額をいいます（外貨建取引会計基準40）。

のれんまたは負ののれんの具体的な換算方法は以下のようになります。

1．親会社が在外子会社等を連結する場合ののれん

支配獲得日に在外子会社等の現地通貨で認識し，のれんについては原則として支配獲得時（みなし取得日を用いる場合には子会社の決算日（みなし取得日））に現地通貨で認識し，当期償却費については原則として在外子会社等の会計期間に基づく期中平均レートにより他の収益および費用と同様に換算します。また，期末のれん残高については決算時レートにより他の資産または負債と同様に換算します。したがって，為替換算調整勘定はのれんの期末残高とのれん償却費の両方の換算から生じることになります。

2．親会社が在外子会社等を連結する場合の負ののれん

支配獲得日に在外子会社等の現地通貨で認識しますが，当期の利益として支配日または発生日の為替レートで換算するため，為替換算調整勘定は生じません。

3．在外子会社等が在外孫会社等を連結する場合ののれんまたは負ののれん

支配獲得日の在外孫会社等の現地通貨で認識し，在外子会社等が在外孫会社

を連結する段階で，在外孫会社等に係るのれんの当期償却費は在外孫会社等の現地通貨の期中平均レートで換算します。また，期末のれん残高は在外孫会社等の現地通貨の決算時レートにより換算します。

Q3-12　換算差額の処理方法

Q	在外子会社等の財務諸表の換算差額の処理方法を教えてください。
A	換算差額のうち親会社持分相当額は純資産の部に為替換算調整勘定として計上されます。換算差額のうち非支配株主持分相当額は非支配株主持分へ振り替えます。

解説

1．連結財務諸表における換算差額の処理

在外子会社等の財務諸表項目の換算によって生じた換算差額は，連結貸借対照表上，純資産の部における評価・換算差額等の項目の１つとして，為替換算調整勘定の名称で掲記されます（外貨建取引会計基準三４，連規43の２Ⅰ）。

この結果，例えば円高の時期に在外子会社を設立し，当該在外子会社にプラスの剰余金が生じており，その後，設立時より円安となった場合，通常，為替換算調整勘定は純資産の部を増加させる要因として計上されることになります。

また，在外子会社等の親会社の支配獲得後に生じた在外子会社等に係るその他の包括利益については，親会社の支配獲得後に生じたその他の包括利益累計額に属する項目の円換算額による変動を，連結包括利益計算書または連結損益及び包括利益計算書におけるその他の包括利益として計上することになります（外貨建取引実務指針31-２，70-２）。

2．為替換算調整勘定の持分への按分と表示

為替換算調整勘定は，在外子会社等の財務諸表換算とのれんの換算により生じます。

在外子会社等の財務諸表換算により生じる為替換算調整勘定は，全面時価評価法による資本連結手続上の時価評価により非支配株主持分相当額も含めて在外子会社等の資産および負債を換算するため，評価差額に係る為替換算調整勘定も全持分から発生することになります。よって，在外子会社等の財務諸表換算により生じる為替換算調整勘定は，株主持分割合に基づき，親会社持分と非支配株主持分とに按分されることになります。

したがって，親会社が当該在外子会社等の株式を追加で取得，あるいは一部を売却した場合，在外子会社等の親会社持分相当額と，非支配株主持分相当額は一致することになります。

一方，のれんは親会社持分に係るものであるため，のれんから生じる為替換算調整勘定は非支配株主持分には振り替えません（外貨建取引実務指針40, 41)。

① 親会社持分

在外子会社等の財務諸表換算により生じる為替換算調整勘定のうち親会社持分に按分される額およびのれんの換算により生じる為替換算調整勘定は，連結貸借対照表の純資産の部に為替換算調整勘定として計上されることになる。

ただし，株式の追加計上があった場合には，投資額は追加取得時の為替相場で換算されるため，非支配株主持分に含まれていた為替換算調整勘定のうち，追加出資相当額は親会社の投資額と自動的に相殺消去されることになり，連結貸借対照表の為替換算調整勘定には計上されない。

② 非支配株主持分

在外子会社等の財務諸表換算により生じる為替換算調整勘定のうち非支配株主持分相当額は，非支配株主持分に振り替えられ，連結貸借対照表の純資産の部における非支配株主持分に含めて表示される。

そもそも，為替換算調整勘定とは，決算時レートを用いて換算される資産および負債項目と，取得時または発生時レートを用いて換算される純資産項目の円貨額との差額として認識されるものです。

すなわち，為替換算調整勘定は，在外子会社等の貸借対照表項目の円貨額への換算手続の結果発生するものであり，在外子会社等の経営成績とは無関係のものです。したがって，財務諸表上は一種の評価勘定として純資産の部の独立項目として扱っていると考えることができます。

Q3-13 持分変動（減少）に伴う為替換算調整勘定の処理

Q	在外子会社等に対する投資持分が変動（減少）した場合に為替換算調整勘定をどのように処理しますか。
A	一部売却等により親会社の持分が減少する場合には，為替換算調整勘定のうち持分比率の減少割合相当額を取り崩します。

解 説

連結貸借対照表の純資産の部に計上された為替換算調整勘定は在外子会社等に対する投資から発生した為替差損益としての性格を有すると考えられます。

したがって，一部売却等により親会社の持分割合が減少する場合は，連結貸借対照表に計上されている為替換算調整勘定は，持分割合のうち減少割合相当額が実現したものと考えられます。そのため，当該減少割合相当額を当期の株式売却損益に加減算して調整する必要があります（外貨建取引実務指針42）。

個別損益計算書上に計上された株式売却損益に含まれる為替差損益相当額を，連結損益計算書上または連結損益及び包括利益計算書上もそのまま計上するように，連結貸借対照表に計上されている為替換算調整勘定のうち，減少相当額を取崩処理することになります。

Q3-14 為替換算調整勘定に関する税効果の処理

Q	為替換算調整勘定に対する税効果の処理を教えてください。
A	為替換算調整勘定についても税効果会計が適用されます。ただし，予測可能な将来に売却または清算する意思決定が明確な場合にのみ税効果会計が適用されます。

解 説

為替換算調整勘定は親会社の将来減算一時差異または将来加算一時差異に該当するため税効果の対象となります。しかしながら，為替換算調整勘定は在外子会社等の株式売却や清算などによってのみ損益として実現するものであるため，予測可能な将来に売却または清算する意思決定が明確な場合にのみ税効果会計が適用されます。

これは，連結対象会社の株式は，通常，一時的に保有しているものではなく継続投資を前提としているため，為替換算調整勘定を損益として処理するような持分の減少等が想定されていないことに鑑みると，税効果会計の適用は難しいと考えられるためです。

Q3-15 在外持分法適用会社の財務諸表の換算方法

Q	在外持分法適用会社の財務諸表の換算方法を教えてください。
A	在外子会社等の財務諸表と同様に換算し，当期利益のうち持分相当額を「持分法による投資損益」として計上します。為替換算調整勘定については持分相当額を純資産の部に計上します。

解 説

在外持分法適用会社の財務諸表の換算は，持分法実務指針に基づいて行います。

すなわち，在外子会社等の財務諸表の換算と同様の処理を行い，損益計算書の当期利益のうち持分相当額を，持分法による投資損益として連結損益計算書または連結損益及び包括利益計算書上の営業外損益の区分に計上するとともに，取得後の持分相当額について投資勘定と連結上の利益剰余金の残高を加減算します（持分法実務指針31）。

在外持分法適用会社の財務諸表を換算した結果発生した為替換算調整勘定については，その後，持分相当額を連結貸借対照表上も為替換算調整勘定として純資産の部に計上します（外貨建取引実務指針46）。

設例３－４　在外持分法適用会社の財務諸表の換算

前提条件

①　Ａ社（３月決算）はＢ社（３月決算）設立時（X1年４月１日）に発行株式総数の20％（100千ドル）を出資し，関連会社とした。

②　X2年３月期のＡ社およびＢ社の財務諸表は以下のとおりである。

［Ａ社の財務諸表］

貸借対照表　（単位：円）

現金預金	15,000	資本金	20,000
Ｂ社株式	10,000	利益剰余金 （当期純利益）	5,000

損益計算書　（単位：円）

売上原価	10,000	売上	15,000
当期純利益	5,000		

［Ｂ社の財務諸表］

貸借対照表　（単位：ドル）

現金預金	600	資本金	500
		利益剰余金 （当期純利益）	100

損益計算書　（単位：ドル）

売上原価	100	売上	200
当期純利益	100		

③　為替レートは以下のとおりである。

Ｂ社株式取得日（X1年４月１日）	100円/ドル
期中平均（X1年４月１日～X2年３月31日）	110円/ドル
決算日（X2年３月31日）	120円/ドル

④　税効果は考慮しない。

財務諸表の換算

［B社貸借対照表項目の換算］

科目	外貨	レート	円貨	科目	外貨	レート	円貨
現金預金	600	120	(※1)72,000	資本金	500	100	(※2)50,000
				利益剰余金（当期純利益）	100	110	(※3)11,000
				為替換算調整勘定	—	—	(※4)11,000

（※1） 資産および負債は決算日レートで換算
（※2） 株式取得日レートで換算
（※3） 当期純利益を期中平均レートで換算
（※4） 貸借差額

［B社損益計算書項目の換算］

科目	外貨	レート	円貨	科目	外貨	レート	円貨
売上原価	100	110	(※)11,000	売上	200	110	(※)22,000
当期純利益	100	110	(※)11,000				

（※） 収益および費用は期中平均レートで換算

会計処理

① 持分法損益の計算 （単位：円）

(借) B 社 株 式	(※)2,200	(貸) 持分法による投資利益	2,200

（※） 当期純利益11,000円×持分比率20％＝2,200円

② 為替換算調整勘定の処理 （単位：円）

(借) B 社 株 式	2,200	(貸) 為替換算調整勘定	(※)2,200

（※） B社貸借対照表（換算）計上の為替換算調整勘定11,000円×持分比率20％＝2,200円

［連結損益計算書］ （単位：円）

売上原価	10,000	売上	15,000
当期純利益	7,200	持分法による投資利益	2,200

［連結貸借対照表］　（単位：円）

現金預金	15,000	資本金	20,000
Ｂ社株式	14,400	利益剰余金 （当期純利益）	7,200
		為替換算調整勘定	2,200

［連結包括利益計算書］　（単位：円）

当期純利益	7,200
その他の包括利益	
為替換算調整勘定	0
持分法適用会社に対する持分相当額	2,200
その他の包括利益合計	2,200
包括利益	9,400
（内訳）	
親会社株主に係る包括利益	9,400
非支配株主に係る包括利益	0

Q3-16　現地通貨以外の外国通貨で換算されている場合

Q　現地通貨以外の外国通貨で記録されている財務諸表項目の換算方法を教えてください。

A　連結財務諸表の作成または持分法の適用にあたり現地通貨で換算することなく，直接機能通貨を円換算することができます。

解　説

１．現地通貨以外の外国通貨で記録されている財務諸表項目の換算

多国籍企業のなかには，在外子会社等の取引を記録するにあたり，その所在地国で日常的な決済に使用される通貨が現地通貨でない場合に，当該現地通貨

でない通貨を用いて記帳することが合理的である場合があります。このような場合には，取引発生時の当該外国通貨により記帳することが認められています。

当該外国通貨が複数の場合には当該外貨建取引は，各月末日等一定時点における直物為替レート，あるいは当該取引が属する一定期間を基礎として計算された平均レートを用いて現地通貨に換算します。

なお，在外子会社等が現地通貨以外の外国通貨で記帳している場合，連結財務諸表の作成または持分法の適用にあたって，当該在外子会社等の財務諸表を現地通貨に換算することなく，直接円貨に換算することも認められています。この場合に生じる換算差額は，為替換算調整勘定として取り扱われることになります（外貨建取引実務指針31，70）。

2．円貨により記帳している在外子会社等の取扱い

ケイマン諸島等のタックス・ヘイブン（租税回避地）等に籍のある在外子会社等のなかには，現地通貨による財務諸表の作成義務がなく，円貨で記帳し財務諸表を作成している会社があります。このような在外子会社等は，外貨建取引会計基準でいうところの在外子会社等とはみなされません。

したがって，為替換算をする場合には，国内の子会社と同様の取扱いをします（外貨建取引実務指針32）。

Q3-17　四半期財務諸表における在外子会社の財務諸表の換算方法

Q	四半期財務諸表における在外子会社の財務諸表の換算方法について教えてください。
A	会計基準上，特別な取扱いはありませんが，四半期累計期間の換算方法として四半期単位積上方式，累計差額方式等が考えられます。

解説

四半期決算手続には四半期単位積上方式，累計差額方式等がありますが，四

半期会計基準では，個々の会計処理の適切な選択適用により，財務諸表利用者の判断を誤らせることはないとして，特別な方法を定めていません（四半期会計基準41）。

在外子会社の財務諸表の換算方法として以下の方法が考えられます。

① 四半期会計期間を一会計期間として，在外子会社の外貨建損益計算書を決算日の為替相場や会計期間を算定期間とする平均相場等で換算し，各四半期会計期間の損益計算書を積み上げることで当該四半期損益計算書を作成する方法（四半期単位積上方式）。
② 外貨建損益計算書を決算日の為替相場や年間（期首からの累計期間）を算定期間とする平均相場等で換算した累計ベースの損益計算書をもとに直前の四半期の累計損益計算書を差し引くことで当該四半期損益計算書を作成する方法（累計差額方式）。

なお，四半期財務諸表における在外子会社の財務諸表の換算方法は継続して選択する必要があります。

第4章

ヘッジ会計①
──ヘッジ会計の概要・為替ヘッジ取引

Point

- 為替ヘッジ取引に係る会計処理としては，独立処理，繰延ヘッジ，振当処理の3種類があります。
- ヘッジ会計は特殊な会計処理のため，繰延ヘッジ，振当処理の適用には一定の要件が求められます。
- 外貨建金銭債権債務をヘッジ対象とする繰延ヘッジの適用は認められません。
- 振当処理は為替ヘッジ取引に対してのみ適用が認められ，具体的な会計処理の方法は振当処理（原則），振当処理（例外）の2種類があります。

Q4-1 ヘッジ会計の概要

Q	ヘッジ会計とは何ですか。
A	ヘッジ会計とは，ヘッジ対象とヘッジ手段に係る損益計上のタイミングを合わせることによって，ヘッジの効果を会計に反映させる特殊な会計処理をいいます。

解 説

ヘッジ会計とは，ヘッジ取引のうち一定の要件を満たすものについて，ヘッジ対象に係る損益とヘッジ手段に係る損益を同一の会計期間に認識し，ヘッジの効果を会計に反映させるための特殊な会計処理をいいます（金融商品会計基準29）。

1．ヘッジ取引の概要

ヘッジ取引とは，以下のような取引をいいます（金融商品会計基準96）。

① ヘッジ対象の資産または負債に係る相場変動をヘッジ手段を用いることにより相殺し，損失の可能性を減殺する取引
② ヘッジ対象の資産または負債に係るキャッシュ・フローの変動をヘッジ手段を用いることにより固定し，損失の可能性を減殺する取引

例えば，上記①としては，保有する株式の価格下落リスクに備えて株式先物の売建を行い，保有株式の価格下落による損失を株式先物の利益により相殺し損失を回避する場合等が考えられます。

また，上記②としては，変動利付借入金の金利上昇リスクに備えて変動金利を受け取り固定金利を支払う金利スワップ契約を締結し，実質的に固定金利の支払いにすることにより損失を回避する場合等が考えられます。

ここで，リスクを回避したい資産または負債を「ヘッジ対象」といい，リスクを回避する手段を「ヘッジ手段」といいます。

２．ヘッジ会計の概要

ヘッジ手段には原則としてデリバティブ取引が用いられます。ここで，デリバティブ取引は，時価をもって貸借対照表価額とし評価差額は当期の損益として処理されます（金融商品会計基準25）。このため，ヘッジ対象である資産または負債に係る相場変動等の損益が当期の損益に反映されない場合，ヘッジ対象とヘッジ手段の損益が期間的に対応せず，ヘッジ対象の相場変動等に基づく損失の可能性をヘッジ手段によって減殺している経済的実態が適切に財務諸表に反映されないことになります。

そこで，ヘッジ対象に係る損益とヘッジ手段に係る損益を同一の会計期間に認識し，ヘッジの効果を会計に反映させるヘッジ会計が必要となります（金融商品会計基準97）。

３．ヘッジ会計の会計処理

上記「２．ヘッジ会計の概要」に記載したとおり，ヘッジ会計の目的はヘッジ対象とヘッジ手段に係る損益を同一の会計期間に認識することにより，ヘッジの効果を財務諸表に反映させることにあります。

ヘッジの効果を財務諸表に反映させるには以下の方法が考えられます（金融商品会計基準32）。

名　称	会計処理の方法	参照
独立処理	通常の会計処理により，ヘッジ手段の損益または評価差額と，ヘッジ対象の損益または評価差額をともに当期の損益に反映させる方法	Q４－７
繰延ヘッジ	ヘッジ手段に係る損益または評価差額をヘッジ対象に係る損益が認識されるまで純資産の部において繰り延べる方法	Q４－８
時価ヘッジ	ヘッジ対象である資産または負債に係る評価差額を当期の損益に反映させ，ヘッジ手段に係る損益と同一の会計期間に認識する方法	Q５－５
為替予約等の振当処理	外貨建金銭債権債務等に為替予約相場による円換算額を付すとともに，直物為替相場との差額を期間配分する方法	Q４－９
金利スワップの特例処理	金利スワップを時価評価せず，金利スワップに係る金銭の受払純額を資産または負債に係る利息に加減して処理する方法	―

独立処理はヘッジ会計には該当せず，通常の会計処理によってヘッジの効果を財務諸表に反映させることができます。為替ヘッジ取引に独立処理を適用する場合の詳細な会計処理の方法等についてはQ４－７を参照してください。

繰延ヘッジはヘッジ会計における原則的な方法とされています（金融商品会計基準32，105）。為替ヘッジ取引に繰延ヘッジを適用する場合の詳細な会計処理の方法等についてはQ４－８を参照してください。

時価ヘッジはヘッジ会計における例外的な方法とされています（金融商品会計基準32，106）。この会計処理の適用範囲は，現時点ではその他有価証券のみと解釈されています（金融商品会計実務指針185）。外貨建その他有価証券をヘッジ対象として時価ヘッジを適用する場合の詳細な会計処理の方法等についてはQ５－５を参照してください。

為替予約等の振当処理（以下「振当処理」といいます）は外貨建取引実務に対する配慮から経過措置として適用が認められているものであるため，為替ヘッジ取引に対してのみ適用が認められます（外貨建取引実務指針50）。為替ヘッジ取引に振当処理を適用する場合の詳細な会計処理の方法等についてはQ４－９を参照してください。

金利スワップの特例処理は利付債権債務等とこれに係る利息を金利スワップと実質的に一体として考えることができる場合に認められる会計処理です（金融商品会計基準107，金融商品会計実務指針177，178，346）。

３．ヘッジ会計の要件

ヘッジ会計の適用にあたっては，以下の要件を満たす必要があります。詳細は各Q&Aを参照してください。

項　目	要　　件	参照
ヘッジ取引	•ヘッジ対象の資産または負債に係る相場変動をヘッジ手段を用いることにより相殺し，損失の可能性を減殺する取引 •ヘッジ対象の資産または負債に係るキャッシュ・フローの変動をヘッジ手段を用いることにより固定し，損失の可能性を減殺する取引	本Q&A
事前準備	•ヘッジ取引が企業のリスク管理方針に従ったものであることが客観的に認められること	Q４－４

	•ヘッジ指定によりヘッジ会計の対象を明らかにすること •ヘッジ有効性の評価方法を定めること	
事後テスト	•定期的にヘッジ有効性の評価を行うこと	Q４-５
ヘッジ対象	•資産または負債のうち，相場変動等による損失の可能性があるものの，当該相場変動等が資産または負債の評価に反映されていないもの •資産または負債のうち，相場変動等が評価には反映されているが，当該評価差額が当期の損益として処理されないもの •ヘッジ手段を利用することにより資産または負債に係るキャッシュ・フローが固定されその変動が回避されるもの	Q４-２ Q４-３
ヘッジ手段	•原則としてデリバティブ取引のみが該当する •デリバティブ取引以外のヘッジ手段は限定的に認められる	Q４-２

Q4-2　ヘッジ対象とヘッジ手段

Q　ヘッジ対象，ヘッジ手段とすることができる取引の範囲について教えてください。

A　ヘッジ対象には，資産または負債（予定取引を含みます），在外子会社等に対する持分への投資のうち一定の要件を満たすものが該当します。また，ヘッジ手段には，原則としてデリバティブ取引のみが該当します。

解　説

１．ヘッジ対象の要件

Q４-１に記載したとおり，ヘッジ会計の目的は，ヘッジ対象の相場変動リスクが純損益に反映されない場合に，ヘッジ対象とヘッジ手段に係る損益を同一の会計期間に認識することにより，ヘッジの効果を財務諸表に反映させることにあります（金融商品会計基準97）。このため，ヘッジ会計が適用されるヘッジ対象は，以下のいずれかの要件を満たす必要があります（金融商品会計基準30，100，101）。

① 資産または負債のうち，相場変動等による損失の可能性があるものの，当該相場変動等が資産または負債の評価に反映されていないもの
② 資産または負債のうち，相場変動等が評価には反映されているが当該評価差額が当期の損益として処理されないもの
③ ヘッジ手段を利用することにより資産または負債に係るキャッシュ・フローが固定されその変動が回避されるもの

なお，資産または負債には，将来予定されている取引（以下「予定取引」といいます）により発生が見込まれるものも含まれます（金融商品会計基準30）。詳細は**Q４－３**を参照してください。

また，個別財務諸表上の在外子会社等に対する持分への投資についても，ヘッジ対象と認められます（金融商品会計実務指針168）。詳細は**Q５－６**を参照してください。

さらに，円貨建取引であっても為替リスクを負担する等の実質的に取引価額が外国通貨で表示されている取引と同等とみなされるものについても，ヘッジ対象として認められると考えられます。詳細は**Q４－11**を参照してください。

２．ヘッジ手段の要件

ヘッジ手段には，原則としてデリバティブ取引のみが該当します（金融商品会計基準96）。デリバティブ取引とは，例えば以下のようなものをいいます。

目　的	ヘッジ手段（デリバティブ取引）
為替変動リスクのヘッジ	為替予約，通貨先物，通貨スワップ，通貨オプション（以下「為替予約等」という）
有価証券の相場変動リスクのヘッジ	株式先物，株式オプション
利付債権債務の金利変動リスクのヘッジ	金利スワップ，金利オプション，金利先渡，金利先物
商品の商品価格変動リスクのヘッジ	商品先物取引，商品オプション取引

一方で，デリバティブ取引以外の資産または負債は評価基準が一様ではないため，広くヘッジ手段としての適格性を認めると多くの例外処理を認める必要があり，会計基準としての統一性を欠くおそれがあります（金融商品会計実務

指針334)。そこで，デリバティブ取引以外のヘッジ手段は以下の項目に限定して認められます（金融商品会計実務指針165，外貨建取引実務指針24，67)。

目　的	ヘッジ手段（デリバティブ取引以外）	ヘッジ対象
為替変動リスクのヘッジ	•外貨建金銭債権債務 •外貨建有価証券	•外貨建予定取引 •外貨建その他有価証券 •個別財務諸表上の在外子会社等に対する持分への投資
有価証券の相場変動リスクのヘッジ	•信用取引（売付け） •有価証券の空売り	•その他有価証券
貨幣性資産に係る受取外貨を円転せず，非貨幣性資産に再投資する	•貨幣性資産（例：外貨建債券，外貨建預金，外貨建貸付金等）	•外貨で取得する非貨幣性資産等

なお，デリバティブ取引以外のヘッジ手段を利用する場合も，当然にヘッジ会計の要件を満たす必要があります（Q４-１参照)。また，外貨建債券，外貨建預金および外貨建貸付金等の貨幣性資産（以下「外貨建債券等」といいます）に係る受取外貨を円転せず，非貨幣性資産等に再投資する場合には，ヘッジ会計の要件（予定取引の要件を含みます）に加えて，以下の要件をいずれも満たす必要があります（外貨建取引実務指針24)。具体的な会計処理の方法はＱ４-８を参照してください。

① 正式な文書により，外貨建債券等の取得当初から非貨幣性資産等への再投資計画が明確にされていること
② 貨幣性資産と非貨幣性資産が同一通貨建てであること

Q4-3 予定取引の要件

Q	どのような予定取引がヘッジ会計の対象となるのですか。
A	未履行の確定契約に係る取引，および，契約は成立していないが，主要な取引条件が合理的に予測可能であり，かつ，それが実行される可能性が極めて高い取引が対象となります。

解説

ヘッジ会計の対象となる予定取引とは，未履行の確定契約に係る取引，および，契約は成立していないが，取引予定時期，取引予定物件，取引予定量，取引予定価格等の主要な取引条件が合理的に予測可能であり，かつ，それが実行される可能性が極めて高い取引をいいます（金融商品会計基準（注12））。

1．ヘッジ会計の対象となる予定取引の要件

原則として，デリバティブ取引は時価評価し，評価差額は当期の損益として処理されます（金融商品会計基準25）。一方で，ヘッジ会計は一定の要件を満たすことを前提に，時価評価されているヘッジ手段に係る評価差額を，ヘッジ対象に係る損益が認識されるまで繰り延べ，ヘッジの効果を財務諸表に反映させる必要性に対応して認められた特殊な会計処理です（金融商品会計基準29，32，97）。このため，ヘッジ対象には，高い精度で取引価格等が予測でき，かつ，その実行可能性が極めて高いことが求められます。そこで，ヘッジ会計の適用が認められる予定取引には未履行の確定契約に係る取引であること，または以下のような要件を十分に検討することが求められます（金融商品会計実務指針162，327，328，329，330，331，332）。

判断項目	判断要素
⑴過去に同様の取引が行われた頻度	過去に同様の予定取引を行っている場合は当該予定取引が実行される可能性が高いが，過去に一度も同様の取引が行われていない場合は以下の⑵～⑹の判断要素を十分に吟味し，当該予定取引の実行可能性を判断する。

(2)当該予定取引を行う能力を有しているか	法的，制度的，資金的に，またはその他社内・社外における他の制約等から当該予定取引を実行する能力があるかを検討し，当該予定取引の実行可能性を判断する。
(3)当該予定取引を行わないことが企業に不利益をもたらすか	当該予定取引を行わないことが企業に不利益をもたらす場合は実行可能性が高いが，企業に不利益をもたらさない場合には，他の判断要素を十分に吟味し，当該予定取引の実行可能性を判断する。
(4)当該予定取引と同等の効果・成果をもたらす他の取引がないか	当該予定取引と同等の効果や成果をもたらす他の取引がある場合は，他の判断要素を十分に吟味し，当該予定取引の実行可能性を判断する。
(5)当該予定取引実行までの期間が妥当か	当該予定取引の発生までの期間として1年を1つの目安とし，実行までの期間が長いほど他の判断要素を十分に吟味し，当該予定取引の実行可能性を判断する。
(6)予定取引数量が妥当か	予定取引が過去において行った同様の取引の最大量を超過している場合は，特に超過部分に関して他の判断要素を十分に吟味し，当該予定取引の実行可能性を判断する。

2．予定取引にヘッジ会計を適用する場合の会計処理

予定取引にヘッジ会計を適用する場合，ヘッジ対象に係る損益が認識されるまで繰り延べたヘッジ手段に係る損益または評価差額は，予定取引の種類ごとに以下のとおり純損益として処理します（金融商品会計実務指針170，338）。なお，具体的な会計処理の方法はQ4-8を参照してください。

予定取引の種類	会計処理
予定取引により純損益が直ちに発生する場合	取引の実行時に繰延ヘッジ損益を当期の損益として処理する。
予定取引が資産の取得である場合	繰延ヘッジ損益は資産の取得価額に加減する。このため，当該資産の取得価額が費用計上される期の純損益に反映されることになる。
予定取引が利付負債の発生である場合	繰延ヘッジ損益は，引き続き純資産の部に計上し，償却原価法により利息費用の発生に対応するように各期の純損益に配分する。

Q4-4 事前準備

Q	ヘッジ会計を適用する際に事前に準備すべきことは何ですか。
A	ヘッジ取引が企業のリスク管理方針に従ったものであることが客観的に認められることが必要です。 また，ヘッジ取引開始時に，ヘッジ対象とヘッジ手段，ヘッジ有効性の評価方法を正式な文書によって明確にする必要があります。

解 説

1．リスク管理方針の作成

ヘッジ取引はヘッジ対象の相場変動等による損失の可能性をヘッジ手段に係る利益によって減殺する一方で，ヘッジ対象の相場変動等によって利益が生じている場合には，ヘッジ手段に損失が生じることになり機会利益を喪失する可能性もあります。このため，どのようなヘッジ行動をとるかは経営判断を要する事項といえます。そこで，ヘッジ取引は取締役会等の経営意思決定機関で承認されたリスク管理方針として文書化されたヘッジ方針に基づき行われる必要があります（金融商品会計実務指針314）。このリスク管理方針には以下のような記載が必要となります（金融商品会計実務指針147，315，316）。

項　目	記載事項
管理の対象とするリスクの種類と内容	• 資産または負債等の時価やキャッシュ・フローの変化が合理的に定量化できるリスクを対象とする（例：外貨建取引に係る外貨建金銭債権の為替変動リスク）
ヘッジ方針	• リスク・カテゴリー別のヘッジ比率 • ヘッジ対象の識別方法 • リスク・カテゴリー別のヘッジ手段の選択肢
ヘッジの有効性の検証方法	• ヘッジ対象とするリスク・カテゴリーとの価格変動の相関関係の測定方法 • ヘッジ手段に十分な流動性が期待できるか否かの検討
リスクの定量化の方法やその許容限度	• ベーシス・ポイント・バリュー，バリュー・アット・リスクやアーニング・アット・リスク等による定量化の方法 • 予想期間利益，自己資本の一定割合など一定期間内に許容し得る最大累積損失額等における許容限度

2．事前テスト

上記「1．リスク管理方針の作成」に記載したとおり，ヘッジ取引はヘッジ対象の損失の可能性を減殺することができる一方で，ヘッジ対象の利益を喪失する可能性もあるため，経営者による遡及的なヘッジ指定やヘッジ指定の取消しによって企業利益を操作する誘因が生じる可能性があります。そこで，ヘッジ会計の適用にあたっては，ヘッジ取引開始時にヘッジ取引が企業のリスク管理方針に従ったものであることが以下のいずれかの方法により客観的に認められる必要があります（金融商品会計基準31(1)，金融商品会計実務指針144）。

① 企業のリスク管理方針に従ったものであることが，文書により確認できること
② 企業のリスク管理方針に関して明確な内部規定および内部統制組織が存在し，当該取引がこれに従って処理されることが期待されること

上記①または②を前提に，対象となるヘッジ取引とヘッジ取引の有効性を明らかにするため，以下の(1)(2)を文書によって明確にする必要があります（金融商品会計実務指針143）。

(1) ヘッジ指定

どのようなヘッジ行動をとるかは経営判断を要する事項であるため，ヘッジ会計の対象を明らかにする必要があります（金融商品会計実務指針313）。そこで，ヘッジ取引開始時に，以下の事項を文書によって明確にすることが求められます（金融商品会計実務指針143，150，320）。

① ヘッジ取引日
② 識別したヘッジ対象とリスクの種類
③ 選択したヘッジ手段
④ ヘッジ割合
⑤ ヘッジを意図する期間

なお，上記④⑤は，ヘッジ対象の金額の一定割合，ヘッジ対象の保有期間の一部の期間のみを指定することも認められます（金融商品会計実務指針150）。また，上記②のヘッジ対象の識別は，原則として取引単位で行いますが，リス

クが共通する資産または負債等をグルーピングしたうえでヘッジ対象とすることも認められます（金融商品会計実務指針151，319）。

(2) ヘッジ有効性の評価方法

ヘッジ取引の目的は，ヘッジ手段を利用してヘッジ対象の相場変動等に係る損失の可能性を減殺することにあります。このため，ヘッジ取引開始時に，以下のような有効性の評価方法を明確に定めるとともに，その有効性を判定することが求められます（金融商品会計実務指針143，146，156，157）。

項　目	有効性評価における検討項目
有効性の評価方法	• リスク管理方針と整合性が保たれていること。 • 原則として，ヘッジ対象の相場変動またはキャッシュ・フロー変動の累計と，ヘッジ手段の相場変動またはキャッシュ・フロー変動の累計を基礎に判断する（比率分析）。 • ヘッジ手段の損益すべてを対象に含めるのか，または時間的価値等を除いて評価するのかを決定する。
有効性の判定基準	• ヘッジ対象の変動累計とヘッジ手段の変動累計の比率が概ね80%～125%の範囲内であること。

なお，事前テストの有効性の評価方法としては，上記の比率分析のほかに回帰分析による方法も考えられます（金融商品会計実務指針314）。

Q4-5 事後テスト

Q ヘッジ会計を継続するにあたって事後的に確認すべきことについて教えてください。

A ヘッジ対象とヘッジ手段の変動状況に高い相関関係があることを確認し，ヘッジの有効性を評価する必要があります。ただし，ヘッジ手段とヘッジ対象の重要な条件が同一である場合にはヘッジの有効性評価を省略することができます。

解説

ヘッジ会計を継続するには，ヘッジ取引時以降もヘッジ対象の相場変動またはキャッシュ・フローの変動がヘッジ手段によって高い水準で相殺されていることを確認しなければなりません（金融商品会計実務指針146）。

ただし，ヘッジ手段とヘッジ対象の重要な条件が同一で，ヘッジ取引時以降もヘッジ対象の相場変動またはキャッシュ・フローの変動を完全に相殺するものと想定される場合にはヘッジの有効性の判定を省略することができます（金融商品会計実務指針158）。

１．ヘッジ有効性の評価

ヘッジ会計は，原則として，ヘッジ手段に係る損益または評価差額をヘッジ対象に係る損益が認識されるまで繰り延べ，ヘッジ対象に係る損益とヘッジ手段に係る損益を同一の会計期間に認識することにより，ヘッジの効果を会計に反映させるための特殊な会計処理です。このため，ヘッジ手段に係る損益または評価差額を繰り延べる期間にわたって継続してヘッジの有効性が認められる必要があり，ヘッジ取引開始時に定めたヘッジ有効性の評価方法（Ｑ４－４参照）に従ってその有効性の評価を行います。また，ヘッジ取引開始時に行ったヘッジ効果の事前確認の結果がヘッジ手段の高い有効性を示している場合は，継続的な有効性の評価において算出した比率分析の結果が概ね80％～125％の範囲に収まらない場合であっても，その原因が変動幅が小さいことによる一時的なものと認められるときはヘッジ取引の有効性が継続しているとみることができます（金融商品会計実務指針146，156，323）。

なお，この有効性の評価は決算日には必ず，および少なくとも６か月に１回程度は行う必要があります（金融商品会計実務指針146）。

２．ヘッジ有効性の評価の省略

一般的にヘッジ手段とヘッジ対象の重要な条件が同一の場合，ヘッジ取引開始時および，その後も継続して相場変動またはキャッシュ・フロー変動を完全に相殺すると想定されます。このため，仮にヘッジ取引開始後にヘッジ取引の有効性評価を実施しても当然に高い有効性を示し続けることになります。このような場合にはヘッジの有効性評価を省略することが認められます（金融商品会計実務指針158）。

具体的には，例えば，外貨建金銭債権債務をヘッジ対象として，当該ヘッジ対象と同一通貨，同一金額，同一期日の為替予約等をヘッジ手段とする場合などが考えられます（外貨建取引実務指針４）。

Q4-6 ヘッジ会計の中止と終了

Q	ヘッジの有効性の判定基準が満たされなくなった場合や，ヘッジ手段またはヘッジ対象が消滅した場合，ヘッジ会計の適用はどうなりますか。
A	ヘッジ対象が引き続き存在している場合で，ヘッジ取引がヘッジ会計の要件を満たさなくなったときはヘッジ会計を中止する必要があります。また，ヘッジ対象が消滅した場合はヘッジ会計を終了する必要があります。

解　説

ヘッジ対象が引き続き存在している場合で，ヘッジ取引が，ヘッジの有効性の判定基準を満たさなくなった場合やヘッジ手段が消滅した場合はヘッジ会計を中止する必要があります（金融商品会計実務指針180）。

また，ヘッジ対象が消滅した場合やヘッジ対象である予定取引が実行されないことが明らかになった場合は，ヘッジ会計を終了する必要があります（金融商品会計実務指針181）。

１．ヘッジ会計の中止

ヘッジ会計は，ヘッジの効果を会計に反映させるための特殊な会計処理です。このため，以下のような場合は，もはやヘッジ取引にヘッジの効果は認められずヘッジ会計を中止する必要があります（金融商品会計実務指針180）。

① ヘッジ取引がヘッジの有効性の判定基準を満たさなくなった。 ② ヘッジ手段が満期，売却，終了または行使のいずれかにより消滅した。

つまり，ヘッジ会計の中止はヘッジ対象が引き続き存在することを前提としています。そして，ヘッジ会計の中止時点までのヘッジ手段に係る損益または評価差額はヘッジ対象に係る損益が純損益として認識されるまで繰り延べることになります（金融商品会計基準33，金融商品会計実務指針180）。これは，ヘッジ会計の中止時点までは，ヘッジ対象とヘッジ手段の間にはヘッジの効果が認められていたため，この効果を会計に反映する必要があるためです。

一方で，ヘッジ会計を中止した後の相場変動等により，ヘッジ会計の中止時点まで繰り延べたヘッジ手段に係る損失または評価損に対して，ヘッジ対象の評価益に重要な不足が生じる場合には，損失部分を見積り，当期の損失として処理しなければなりません（金融商品会計基準33，金融商品会計実務指針182，183）。

なお，具体的な会計処理の方法はQ４-17を参照してください。

２．ヘッジ会計の終了

以下のいずれかのようにヘッジ対象が存在しなくなった場合，ヘッジ会計を終了する必要があります（金融商品会計実務指針181）。

① ヘッジ対象が消滅したとき ② ヘッジ対象である予定取引が実行されないことが明らかになったとき

ヘッジ会計はヘッジ手段に係る損益または評価差額をヘッジ対象に係る損益が認識されるまで繰り延べることを原則とするため，ヘッジ対象が存在しなくなった場合は繰り延べる根拠がなくなることになります。このため，繰り延べられていたヘッジ手段に係る損益または評価差額を当期の損益として処理することが求められます（金融商品会計実務指針181）。

なお，具体的な会計処理の方法はQ４-18を参照してください。

Q4-7 為替ヘッジ取引の会計処理① 独立処理

Q	独立処理の会計処理について教えてください。
A	独立処理とは，外貨建金銭債権債務等の為替換算差額は当期の損益として計上し，為替予約等の評価差額も当期の損益として計上する会計処理です。

解 説

ヘッジ対象である外貨建金銭債権債務および外貨建有価証券（その他有価証券および子会社株式，関連会社株式を除きます）は，決算時の為替相場で換算し，為替換算差額は当期の為替差損益として処理します（外貨建取引会計基準一2）。

また，ヘッジ手段である為替予約等は時価評価し，評価差額を当期の損益として処理します（金融商品会計基準25）。

1．独立処理の適用要件

独立処理はヘッジ会計には該当せず，また適用にあたって特段の要件はありません（外貨建取引会計基準一1，2）。

Q4-1に記載したとおり，ヘッジ会計の目的は，ヘッジ対象の相場変動リスクが純損益に反映されない場合にヘッジ対象とヘッジ手段に係る損益を同一の会計期間に認識することにより，ヘッジの効果を財務諸表に反映させることにあります（金融商品会計基準97）。ここで，原則として，外貨建金銭債権債務等の為替換算差額，および為替予約等の評価差額は当期の損益として認識されるため，ヘッジ手段とヘッジ対象にそれぞれ通常の会計処理を適用することにより，ヘッジ取引の効果が自動的に当期の損益に反映されることになります（金融商品会計実務指針168）。このため，独立処理を採用する場合はヘッジ会計には該当せず，ヘッジ会計の要件を満たすか否かの判定は必要ありません。

2．独立処理の会計処理

具体的な独立処理の会計処理は以下のとおりです。

設例 4－1　独立処理の会計処理

前提条件

① 4月30日に100ドルで製品の輸出を予定している。

② 6月30日に上記①の予定取引に係る外貨建売掛金の決済を予定する。

③ 1月31日に上記②の外貨建売掛金に係る為替変動リスクをヘッジする目的で6月30日を限月とする為替予約（100ドルの売予約）を締結した。

④ 直物レートおよび先物レートは以下のとおりである。

年月日	取引内容	直物レート	先物レート
X1/1/31	為替予約締結	120円/ドル	119円/ドル
X1/3/31	決算日	111円/ドル	109円/ドル
X1/4/30	輸出取引実行	105円/ドル	104円/ドル
X1/6/30	決済	100円/ドル	100円/ドル

会計処理

<X1年1月31日（為替予約の締結）>

仕訳なし(※)

（※） 為替予約締結時の為替予約の時価はゼロ。

<X1年3月31日（決算日）>　（単位：円）

（借）	為替予約	(※)1,000	（貸）	為替差損益	1,000

（※） 為替予約の決算日の時価評価
100ドル×(119円/ドル－109円/ドル)＝1,000円

<X1年4月1日（翌期首）>　（単位：円）

（借）	為替差損益	(※)1,000	（貸）	為替予約	1,000

（※） 決算仕訳の戻入処理

<X1年4月30日（輸出取引の実行）>　（単位：円）

（借）	外貨建売掛金	(※)10,500	（貸）	売上高	10,500

（※） 外貨建取引の実行
100ドル×105円/ドル＝10,500円

<X1年６月30日（外貨建売掛金および為替予約の決済）>

外貨建売掛金の決済　（単位：円）

（借）	現金預金	(※2)10,000	（貸）外貨建売掛金	(※1)10,500
	為替差損益	(※3)500		

（※１）外貨建売掛金の帳簿価額の消去

（※２）外貨建売掛金の決済

100ドル×100円/ドル＝10,000円

（※３）貸借差額

為替予約の決済　（単位：円）

（借）	現金預金	(※)1,900	（貸）為替差損益	1,900

（※）為替予約の決済

100ドル×(119円/ドル－100円/ドル)＝1,900円

Q4-8　為替ヘッジ取引の会計処理②　繰延ヘッジ

Q	繰延ヘッジの会計処理について教えてください。
A	繰延ヘッジとは，為替予約等の評価差額を繰延ヘッジ損益として繰り延べる会計処理です。

解説

為替ヘッジ取引に繰延ヘッジを適用する場合，ヘッジ手段である為替予約等の評価差額をヘッジ対象に係る損益が認識されるまで繰延ヘッジ損益として繰り延べ，ヘッジ対象に係る損益認識時に繰延ヘッジ損益を純損益に計上します(金融商品会計基準32，金融商品会計実務指針176)。

１．繰延ヘッジの適用要件

為替ヘッジ取引に繰延ヘッジを適用するにはヘッジ会計の要件（Q4－1参照）を満たす必要があります（金融商品会計実務指針169)。加えて，ヘッジ対象およびヘッジ手段としては以下が想定されます（金融商品会計実務指針165,

168，169)。詳細な説明は(1)(2)を参照してください。

ヘッジ対象	ヘッジ手段
• 外貨予定取引 • 外貨建その他有価証券 • 個別財務諸表上の在外子会社等に対する持分への投資	• 為替予約等 • 外貨建金銭債権債務 • 外貨建有価証券

(1)　繰延ヘッジの適用が認められるヘッジ対象

上記のヘッジ対象は，為替変動リスクが資産または負債の評価に反映されない，もしくは資産または負債の評価には反映されるが当該評価差額が当期の損益に反映されません。一方で，デリバティブ取引である為替予約等は，原則として時価評価し，評価差額を当期の損益として処理します（金融商品会計基準25)。このため，ヘッジ会計の適用を認めない場合，ヘッジ対象とヘッジ手段の損益認識時点が一致せずヘッジの効果を財務諸表に適切に反映することができません。そこで，ヘッジ会計を適用し，繰延ヘッジの会計処理を行うことを認める必要があります（金融商品会計実務指針168，169)。

したがって，例えば外貨建金銭債権債務や外貨建有価証券（その他有価証券を除きます）をヘッジ対象とし，為替予約等をヘッジ手段とする繰延ヘッジの適用は認められません（金融商品会計実務指針168)。これは，外貨建金銭債権債務等の為替換算差額と為替予約等の評価差額はともに当期の損益として認識され，ヘッジ対象とヘッジ手段の損益認識時点が一致するため繰延ヘッジの適用を認める必要がないためです。

(2)　繰延ヘッジの適用が認められるヘッジ手段

ヘッジ手段は原則としてデリバティブ取引のみが認められます（金融商品会計基準96)。一方で，外貨建金銭債権債務または外貨建有価証券については，ヘッジの効果を適切に財務諸表に反映するために，ヘッジ会計の適用が不可避として限定的に認められています（金融商品会計実務指針165，334)。

2．繰延ヘッジの会計処理

繰延ヘッジを適用することにより，ヘッジ対象に係る損益認識時に繰延ヘッジ損益を純損益に計上します。このため，ヘッジ対象に係る損益が認識される時期に応じて，繰延ヘッジ損益の純損益への認識もこれに対応させる必要があります（Q4－3参照）。また，貨幣性資産に係る受取外貨を円転せず，非貨幣性資産に再投資する場合も同様です。

具体的な繰延ヘッジの会計処理は以下のとおりです。

設例4－2　繰延ヘッジの会計処理（予定取引により純損益が直ちに発生する場合）

前提条件

設例4－1と同様

会計処理

＜X1年1月31日（為替予約の締結）＞

仕訳なし(※)

（※）　為替予約締結時の為替予約の時価はゼロ。

＜X1年3月31日（決算日）＞　（単位：円）

（借）	為替予約	(※)1,000	（貸）	繰延ヘッジ損益	1,000

（※）　為替予約の決算日の時価評価と評価差額の繰延べ
100ドル×（119円/ドル－109円/ドル）＝1,000円

＜X1年4月1日（翌期首）＞　（単位：円）

（借）	繰延ヘッジ損益	(※)1,000	（貸）	為替予約	1,000

（※）　決算仕訳の戻入処理

＜X1年4月30日（輸出取引の実行）＞　（単位：円）

輸出取引実行

（借）	外貨建売掛金	(※)10,500	（貸）	売上高	10,500

（※）　外貨建取引の実行
100ドル×105円/ドル＝10,500円

ヘッジ手段の評価差額を当期の損益として認識　（単位：円）

（借）	為替予約	(※1)1,500	（貸）	繰延ヘッジ損益	(※1)1,500
	繰延ヘッジ損益	(※2)1,500		売上高	(※2)1,500

（※1）　輸出取引実行日の為替予約に係る評価差額を算定します。
100ドル×（119円/ドル－104円/ドル）＝1,500円

（※2）　為替予約に係る評価差額を当期の損益として認識します。

<X1年6月30日（外貨建売掛金および為替予約の決済）>

外貨建売掛金の決済　（単位：円）

（借）	現金預金	(※2)10,000	（貸）	外貨建売掛金	(※1)10,500
	為替差損益	(※3)500			

（※1）　外貨建売掛金の帳簿価額の消去

（※2）　外貨建売掛金の決済
100ドル×100円/ドル＝10,000円

（※3）　貸借差額

為替予約の決済　（単位：円）

（借）	現金預金	(※2)1,900	（貸）	為替予約	(※1)1,500
				為替差損益	(※3)400

（※1）　輸出取引実行時に認識した為替予約の消去

（※2）　為替予約の決済
100ドル×（119円/ドル－100円/ドル）＝1,900円

（※3）　貸借差額

設例4－3　繰延ヘッジの会計処理（予定取引が資産の取得である場合）

前提条件

①　4月10日に100ドルで機械装置の購入を予定している。

②　6月30日に上記①の予定取引に係る外貨建未払金の決済を予定する。

③　1月31日に上記②の外貨建未払金に係る為替変動リスクをヘッジする目的で6月30日を限月とする為替予約（100ドルの買予約）を締結した。

④　直物レートおよび先物レートは以下のとおりである。

年月日	取引内容	直物レート	先物レート
X1/1/31	為替予約締結	120円/ドル	119円/ドル
X1/3/31	決算日	111円/ドル	109円/ドル
X1/4/10	機械装置購入	105円/ドル	104円/ドル
X1/6/30	決済	100円/ドル	100円/ドル

⑤　機械装置の耐用年数は10年とし定額法（償却率0.1）により償却する。

会計処理

<X1年1月31日（為替予約の締結）>

仕訳なし(※)

(※)　為替予約締結時の為替予約の時価はゼロ。

<X1年3月31日（決算日）>　　（単位：円）

（借）	繰延ヘッジ損益	(※)1,000	（貸）	為替予約	1,000

(※)　為替予約の決算日の時価評価と評価差額の繰延べ
100ドル×（109円/ドル－119円/ドル）＝△1,000円

<X1年4月1日（翌期首）>　　（単位：円）

（借）	為替予約	(※)1,000	（貸）	繰延ヘッジ損益	1,000

(※)　決算仕訳の戻入処理

<X1年4月10日（機械装置の購入）>

機械装置購入　　（単位：円）

（借）	機械装置	(※)10,500	（貸）	外貨建未払金	10,500

(※)　外貨建取引の実行
100ドル×105円/ドル＝10,500円

ヘッジ手段の評価差額を資産の取得価額に加減　　（単位：円）

（借）	繰延ヘッジ損益	(※1)1,500	（貸）	為替予約	(※1)1,500
	機械装置	(※2)1,500		繰延ヘッジ損益	(※2)1,500

(※1)　機械装置購入日の為替予約に係る評価差額を算定します。

100ドル×(104円/ドル－119円/ドル)＝△1,500円
（※2）　為替予約に係る評価差額を資産の取得価額に加減します。

＜X1年6月30日（外貨建未払金および為替予約の決済）＞

外貨建未払金の決済　（単位：円）

(借)	外貨建未払金	(※1)10,500	(貸)	現金預金	(※2)10,000
				為替差損益	(※3)500

（※1）　外貨建未払金の帳簿価額の消去
（※2）　外貨建未払金の決済
100ドル×100円/ドル＝10,000円
（※3）　貸借差額

為替予約の決済　（単位：円）

(借)	為替予約	(※1)1,500	(貸)	現金預金	(※2)1,900
	為替差損益	(※3)400			

（※1）　機械装置購入時に認識した為替予約の消去
（※2）　為替予約の決済
100ドル×(100円/ドル－119円/ドル)＝△1,900円
（※3）　貸借差額

＜X2年3月31日（決算日）＞

（単位：円）

(借)	減価償却費	(※1)1,050	(貸)	減価償却累計額	(※3)1,200
	減価償却費	(※2)150			

（※1）　機械装置購入に係る取得価額に相当する減価償却費
10,500円×償却率0.1＝1,050円
（※2）　資産の取得価額に加減したヘッジ手段の評価差額に相当する減価償却費
1,500円×償却率0.1＝150円
（※3）　借方合計

設例4－4　貨幣性資産に係る受取外貨を円転せず非貨幣性資産に再投資する場合の会計処理

前提条件

①　4月10日に100ドルで機械装置の購入を予定している。

②　6月30日に上記①の予定取引に係る外貨建未払金の決済を予定する。

③　1月31日に上記②の外貨建未払金に係る為替変動リスクをヘッジする目的で

X1年6月30日を期日とする外貨建定期預金を預け入れた。

④　直物レートは設例4－3と同様とする。

⑤　機械装置の耐用年数は10年とし定額法（償却率0.1）により償却する。

（会計処理）

＜X1年1月31日（外貨建定期預金の預入れ）＞　（単位：円）

（借）	外貨建定期預金	(※)12,000	（貸）	現　金　預　金	12,000

（※）　外貨建定期預金の預入れ
100ドル×120円/ドル＝12,000円

＜X1年3月31日（決算日）＞　（単位：円）

（借）	繰延ヘッジ損益	(※)900	（貸）	外貨建定期預金	900

（※）　外貨建定期預金の決算日の時価評価と評価差額の繰延べ
100ドル×（111円/ドル－120円/ドル）＝△900円

＜X1年4月1日（翌期首）＞　（単位：円）

（借）	外貨建定期預金	(※)900	（貸）	繰延ヘッジ損益	900

（※）　決算仕訳の戻入処理

＜X1年4月10日（機械装置の購入）＞

機械装置購入　（単位：円）

（借）	機　械　装　置	(※)10,500	（貸）	外貨建未払金	10,500

（※）　外貨建取引の実行
100ドル×105円/ドル＝10,500円

ヘッジ手段の評価差額を資産の取得価額に加減　（単位：円）

（借）	繰延ヘッジ損益	(※1)1,500	（貸）	外貨建定期預金	(※1)1,500
	機　械　装　置	(※2)1,500		繰延ヘッジ損益	(※2)1,500

（※1）　機械装置購入日の外貨建定期預金に係る評価差額を算定します。
100ドル×（105円/ドル－120円/ドル）＝△1,500円

（※2）　外貨建定期預金に係る評価差額を資産の取得価額に加減します。

＜X1年6月30日（外貨建未払金の決済および外貨建定期預金の満期償還）＞

外貨建未払金の決済　　（単位：円）

（借）	外貨建未払金	(※1)10,500	（貸）	現金預金	(※2)10,000
				為替差損益	(※3)500

（※1）　外貨建未払金の帳簿価額の消去
（※2）　外貨建未払金の決済
　　　　100ドル×100円/ドル＝10,000円
（※3）　貸借差額

外貨建定期預金の満期償還　　（単位：円）

（借）	現金預金	(※2)10,000	（貸）	外貨建定期預金	(※1)10,500
	為替差損益	(※3)500			

（※1）　外貨建定期預金の帳簿価額の消去
　　　　12,000円－1,500円＝10,500円
（※2）　外貨建定期預金の満期償還
　　　　100ドル×100円/ドル＝10,000円
（※3）　貸借差額

＜X2年3月31日（決算日）＞

設例4－3と同様

3．繰延ヘッジ損益の処理科目

繰延ヘッジ損益は純資産の部に計上します。なお，計上にあたっては，繰延税金資産または繰延税金負債の額を控除した金額で計上することになります（金融商品会計実務指針174）。

また，ヘッジ対象の損益認識時に繰延ヘッジ損益を純損益に計上するにあたっては，原則としてヘッジ対象の損益区分と同一区分で表示する必要があります。ただし，為替リスクのヘッジによる損益については，為替差損益として処理することが認められます（金融商品会計実務指針176）。

Q4-9 為替予約等の振当処理の会計処理

Q	為替予約等の振当処理の会計処理について教えてください。
A	外貨建金銭債権債務等に為替予約相場による円換算額を付すとともに，直物為替相場との差額を期間配分します。 また，一定の要件を満たす場合，外貨建金銭債権債務等に為替予約相場による円換算額を付すことが認められます。

解 説

振当処理の会計処理は原則として以下のとおりです。なお，下記③の直先差額に金額的重要性が乏しい場合，為替予約等を締結した期の損益に計上することが認められます（外貨建取引会計基準注解（注７），外貨建取引実務指針８）。

> ① 外貨建金銭債権債務等を為替予約相場で円換算する。
> ② 外貨建金銭債権債務等の取得時から為替予約等の締結時までの直物為替相場の変動（直々差額）を，為替予約等を締結した期の損益に計上する。
> ③ 為替予約等の締結時の直物為替相場と為替予約相場の差額（直先差額）を，為替予約等を締結した期から決済日までの期間に合理的に配分し，各期の損益に計上する。

ただし，ヘッジ対象が通常の営業取引にかかる外貨建金銭債権債務であって，かつ，当該取引の前に為替予約等を締結した場合は以下の会計処理が求められます。また，通常の営業取引以外であっても，当該取引の前に為替予約等を締結した場合は以下の会計処理が認められます（外貨建取引実務指針８，53)。

> 外貨建金銭債権債務等を為替予約相場で円換算する。

１．振当処理の適用要件

為替ヘッジ取引に振当処理を適用するにはヘッジ会計の要件（Q４－１参照）を満たす必要があります（外貨建取引実務指針４）。加えて，ヘッジ対象およびヘッジ手段としては以下が想定されます（外貨建取引実務指針５，６，51，

52)。詳細な説明は(1)(2)を参照してください。

ヘッジ対象	ヘッジ手段
•外貨建金銭債権債務 •外貨建満期保有目的債券	•為替予約 •直先フラット型の通貨スワップ •為替予約型の通貨スワップ •買建通貨オプションのうち，外貨建金銭債権債務のヘッジ手段として権利行使が確実に行われると認められるもの

(1)　振当処理の適用が認められるヘッジ対象

振当処理の適用が認められるヘッジ対象は，為替予約等のヘッジ手段により将来のキャッシュ・フローが固定されるものに限られます（外貨建取引実務指針5，51)。このため，例えば，満期保有目的の債券以外の外貨建有価証券は，売却時期が未確定，かつ，時価の変動により外貨額が変動し，為替予約等により将来のキャッシュ・フローが固定することは難しいと考えられるため，振当処理の適用は認められません。

(2)　振当処理の適用が認められるヘッジ手段

振当処理は，将来のキャッシュ・フローを固定するヘッジ取引に対して適用することができます。このため，振当処理の適用が認められるヘッジ手段は，ヘッジ対象に係るキャッシュ・フローを固定する効果のあるヘッジ手段に限定されます。つまり，為替予約のほかに以下の①②③が想定されます。

①　直先フラット型の通貨スワップ

外貨建借入金をヘッジ対象，直先フラット型の通貨スワップをヘッジ手段として用いる場合，外貨建借入金の借入れ時の直物レートと外貨建借入金の返済時のスワップ・レートが同一となります。このため，借入金額と返済金額が同額となり，キャッシュ・フローを固定することができるため振当処理の適用が認められます（外貨建取引実務指針6，52)。

図表４－１　直先フラット型の通貨スワップ（例）

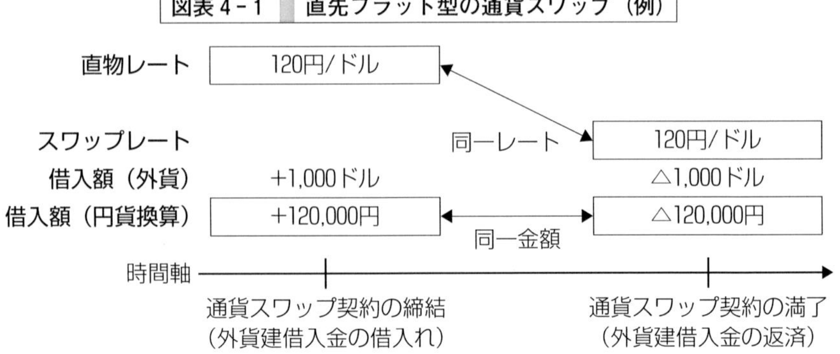

②　為替予約型の通貨スワップ

外貨建借入金をヘッジ対象，為替予約型の通貨スワップをヘッジ手段として用いる場合，外貨の支払利息額と外貨の元本返済金額が円貨額で確定し，キャッシュ・フローを固定することができるため振当処理の適用が認められます（外貨建取引実務指針６，52）。

図表４－２　為替予約型の通貨スワップ（例）

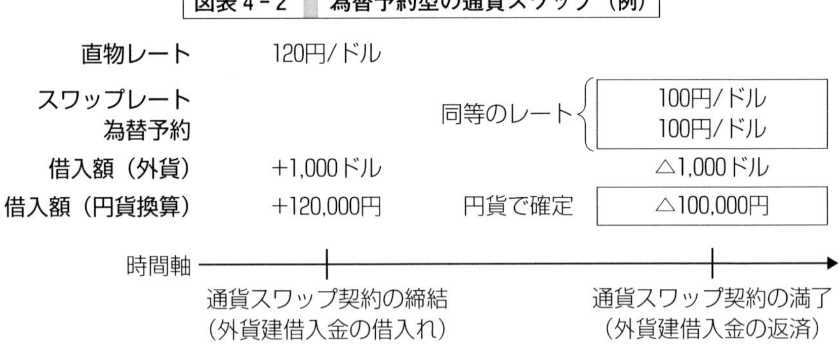

③　権利行使が確実に行われると認められる買建通貨オプション

振当処理の適用が認められるには，円貨でのキャッシュ・フローが固定されている必要があります。このため，通貨オプションには以下の要件が求められます（外貨建取引実務指針６，52）。

- 買建のオプションであること
- 契約締結時から権利行使日までの期間が短期であること
- 契約締結時において権利行使が確実に行われると認められること

2．振当処理の会計処理

具体的な振当処理の会計処理は以下のとおりです。

設例4－5　振当処理の会計処理（原則）

前提条件

①　1月31日に100ドルで製品の輸出を行う。

②　6月30日に上記①の取引に係る外貨建売掛金の決済を行う。

③　2月28日に上記②の外貨建売掛金に係る為替変動リスクをヘッジする目的で6月30日を限月とする為替予約（100ドルの売予約）を締結した。

④　直物レートおよび先物レートは以下のとおりである。

年月日	取引内容	直物レート	先物レート
X1/1/31	輸出取引実行	125円/ドル	
X1/2/28	為替予約締結	120円/ドル	119円/ドル
X1/3/31	決算日	111円/ドル	109円/ドル
X1/6/30	決済	100円/ドル	100円/ドル

会計処理

<X1年1月31日（輸出取引の実行）>　（単位：円）

（借）	外貨建売掛金	(※)12,500	（貸）	売上高	12,500

（※）外貨建取引の実行
100ドル×125円/ドル＝12,500円

<X1年2月28日（為替予約の締結）>　（単位：円）

（借）	為替差損益	(※2)500	（貸）	外貨建売掛金	(※1)600
	前払費用	(※3)100			

（※1） 為替予約相場で円換算
100ドル×（119円/ドル－125円/ドル）＝△600円
（※2） 直々差額
100ドル×（120円/ドル－125円/ドル）＝△500円
（※3） 直先差額
100ドル×（119円/ドル－120円/ドル）＝△100円

<X1年3月31日（決算日）> （単位：円）

（借）	為替差損益	(※)25	（貸）	前払費用	25

（※） 直先差額の期間配分
100円×1か月/4か月＝25円

<X1年6月30日（外貨建売掛金および為替予約の決済）>

外貨建売掛金の決済 （単位：円）

（借）	現金預金	(※2)11,900	（貸）	外貨建売掛金	(※1)11,900

（※1） 外貨建売掛金の帳簿価額の消去
（※2） 外貨建売掛金の決済と為替予約の決済
100ドル×100円/ドル＋100ドル×（119円/ドル－100円/ドル）＝100ドル×119円/ドル＝11,900円

直先差額の期間配分 （単位：円）

（借）	為替差損益	(※)75	（貸）	前払費用	75

（※） 直先差額の期間配分

設例4－6 振当処理の会計処理（例外）

前提条件

設例4－1と同様とする。

会計処理

<X1年1月31日（為替予約の締結）> （単位：円）

仕訳なし(※)

（※） 為替予約締結時の為替予約の時価はゼロ。

＜X1年3月31日（決算日）＞　（単位：円）

（借）	為替予約	(※)1,000	（貸）	繰延ヘッジ損益	1,000

（※）為替予約の決算日の時価評価
100ドル×（119円/ドル－109円/ドル）＝1,000円

＜X1年4月1日（翌期首）＞　（単位：円）

（借）	繰延ヘッジ損益	(※)1,000	（貸）	為替予約	1,000

（※）決算仕訳の戻入処理

＜X1年4月30日（輸出取引の実行と振当処理）＞　（単位：円）

（借）	外貨建売掛金	(※)11,900	（貸）	売上高	11,900

（※）外貨建取引の実行と振当処理
100ドル×119円/ドル＝11,900円

＜X1年6月30日（外貨建売掛金および為替予約の決済）＞　（単位：円）

（借）	現金預金	(※2)11,900	（貸）	外貨建売掛金	(※1)11,900

（※1）外貨建売掛金の帳簿価額の消去
（※2）外貨建売掛金の決済と為替予約の決済
100ドル×100円/ドル＋100ドル×（119円/ドル－100円/ドル）＝100ドル×119円/ドル＝11,900円

3．振当処理の処理科目

原則として，直々差額，および各期に配分される直先差額は為替差損益として計上します。ただし，各期に配分される直先差額は債券に係る償却原価法に準じて，利息法または定額法により利息の調整項目として処理することが認められます（外貨建取引実務指針9）。

また，直先差額のうち次期以降に配分される額は，貸借対照表上，決済日が決算日から1年以内に到来するものは前払費用または前受収益として，1年を超えて到来するものは長期前払費用または長期前受収益として計上することになります。なお，重要性のないものについては区分掲記しないことが認められます（外貨建取引実務指針10）。

Q4-10 振当処理と会計方針の変更

Q	振当処理から他の会計方針に，または，他の会計方針から振当処理に会計方針を変更することは認められますか。
A	正当な理由がある場合，振当処理から他の会計方針への変更は認められます。一方で，他の会計方針から振当処理への変更は認められません。

解説

振当処理は会計方針に該当するため，ヘッジ会計の要件を満たす限り継続して適用しなければなりません（外貨建取引実務指針３，50）。このため，正当な理由による会計方針の変更に当たる場合は他の会計方針への変更が認められます。この，正当な理由による会計方針の変更が認められるためには以下のすべての要件を満たす必要があります（監査・保証実務委員会実務指針第78号「正当な理由による会計方針の変更等に関する監査上の取扱い」８）。

- 企業の事業内容または企業内外の経営環境の変化に対応している
- 会計事象等を財務諸表に，より適切に反映するために行われる
- 一般に公正妥当と認められる企業会計の基準に照らして妥当である
- 利益操作等を目的としていない
- 会計方針を当該事業年度に変更することが妥当である

一方で，振当処理は，外貨建取引実務に対する配慮から経過措置として適用が認められているものです。このため，いったん他の会計方針を採用したのちに，振当処理に変更することは，原則的な処理方法から特例的に認められた処理方法への変更に当たり認められません（外貨建取引実務指針３，50）。

Q4-11　為替リスクを負う円貨建取引

Q	円貨による決済金額が為替レートに対応して変動する場合，ヘッジ会計を適用することはできますか。
A	円貨による決済金額が為替レートに応じて変動する場合，繰延ヘッジの適用が認められると考えられます。また，ヘッジ手段を利用することでヘッジ対象の将来のキャッシュ・フローが固定される場合には，振当処理の適用が認められると考えられます。

解説

決済が円貨建てで行われる場合であっても，当該決済金額が為替レートに連動して変動するなど実質的に為替変動リスクを負っている取引は外貨建取引に該当します（外貨建取引会計基準注解（注１））。このため，このような取引は為替相場の変動により損失の可能性にさらされているといえ，ヘッジ対象の要件（Q４－１参照）を満たすと考えられます。そこで，その他のヘッジ会計の要件（Q４－１参照）を満たす場合は，当該予定取引に対して繰延ヘッジの適用が認められると考えられます。

また，同様に為替予約等のヘッジ手段を利用することで，ヘッジ対象の将来のキャッシュ・フローが固定される場合には，振当処理の適用も認められると考えられます。

上記のような取引の例としては，国内の製造業者が商社を通じて輸出入取引を行う場合に，当該輸出入取引によって生ずる為替差損益を製造業者が負担するなど，実質的に取引価額が外国通貨で表示されている取引と同等とみなされるものが考えられます。

Q4-12 他通貨クロスヘッジのヘッジ会計適用の可否

Q	ヘッジ対象とヘッジ手段の通貨が異なる場合（他通貨クロスヘッジ）でも，ヘッジ会計を適用することはできますか。
A	ヘッジ対象が相場変動リスクにさらされており，かつ，ヘッジ対象とヘッジ手段の相場変動との間に密接な経済的相関関係があり，ヘッジ手段がヘッジ対象の相場変動リスクを減少させる効果をもつ場合，ヘッジ会計を適用することができます。

解説

例えば，カナダドル建予定取引の為替変動リスクをヘッジする目的で，米ドル建為替予約等を締結する場合，両者の為替変動リスクの間に密接な経済的相関関係があり，ヘッジ手段がヘッジ対象の為替変動リスクを減少させる効果をもつ場合，ヘッジ会計の要件を満たすことを前提に繰延ヘッジの適用が認められます。

1．他通貨クロスヘッジにヘッジ会計を適用する場合の留意事項

他通貨クロスヘッジではヘッジ対象とヘッジ手段の通貨が異なるため両者の為替相場変動は完全には連動せず，一般にヘッジ非有効部分が生じることになります。このため，ヘッジの有効性評価（Q4－4参照）にあたっては十分な検討が必要となります（金融商品会計実務指針159）。

2．ヘッジ非有効部分の会計処理

ヘッジ会計の要件（Q4－1参照）を満たしヘッジ有効性の評価（Q4－4参照）の結果としてヘッジ取引全体が有効と判定された場合，ヘッジ非有効部分に係るヘッジ手段の損益についても繰延ヘッジを適用することが認められます（金融商品会計実務指針172）。これは，企業の実務上の便宜を考慮して認められたものであるため，非有効部分を合理的に区分できる場合に，非有効部分のみを当期の損益として処理する方法も会計方針として認められます（金融商品

会計実務指針172，342）。

なお，事後テストによるヘッジ有効性の評価（Ｑ４－５参照）の結果として，ヘッジ取引全体がヘッジ有効性の判定基準を満たさなくなった場合はヘッジ会計を中止し（Ｑ４－６参照），ヘッジ会計を中止した以降のヘッジ手段に係る損益は当期の損益として処理する必要があります（金融商品会計実務指針342）。

Q4-13　NDFに対するヘッジ会計適用の可否

Q	NDF（Non-Deliverable Forward）をヘッジ手段としてヘッジ会計を適用することはできますか。
A	ヘッジ会計の要件を満たす場合，繰延ヘッジの適用が認められます。一方で，一般的には，振当処理の適用は認められないと考えられますが，実質的にキャッシュ・フローを固定することができる場合には振当処理の適用が認められると考えられます。

解　説

ヘッジ会計の要件（Ｑ４－１参照）を満たす場合，NDFをヘッジ手段として，予定取引に対して繰延ヘッジを適用することが認められます。

一方で，一般的には振当処理の適用は認められないと考えられますが，NDFが実質的に将来のキャッシュ・フローを固定することができる商品性を有する場合は，振当処理の適用が認められると考えられます。

１．NDFをヘッジ手段とする繰延ヘッジの適用

NDFとは，「為替予約とは異なり現地通貨での受渡しは発生せず，約定した先物レートと一定期日の決済レートとの差額を，米ドル等の主要通貨で決済する先物取引」をいいます。これは，例えば，現地通貨当局の為替管理政策や取引量の少ない新興国通貨など通貨流通量に制約がある場合に，米ドル等の主要通貨で差金決済するデリバティブ取引です。

このため，現地通貨で決済される予定取引の為替変動リスクをヘッジする目的でNDFを締結する場合には，ヘッジ会計の要件を満たすことを前提に繰延ヘッジの適用が認められます。

2．NDFをヘッジ手段とする振当処理の適用

NDFは銀行等との相対取引として，NDF締結レートとNDF決済レートの差金決済による受渡しが行われます。また，一般的にNDF決済レートは受渡日以前に確定するため，NDF決済レートと受渡日の直物レートの間に生じる為替変動リスクを回避することができません。このため，一般的にNDFにより将来のキャッシュ・フローを固定することは難しいと考えられるため，振当処理の適用は認められません。

ただし，NDFは相対取引として行われるため，NDF決済レート決定日にNDF決済レートと同一の為替予約等を締結するなどにより，実質的に将来のキャッシュ・フローを固定する商品性を有する場合には，ヘッジ会計の要件を満たすことを前提に振当処理の適用が認められると考えられます。

図表４－３　一般的なNDFの決済（例）

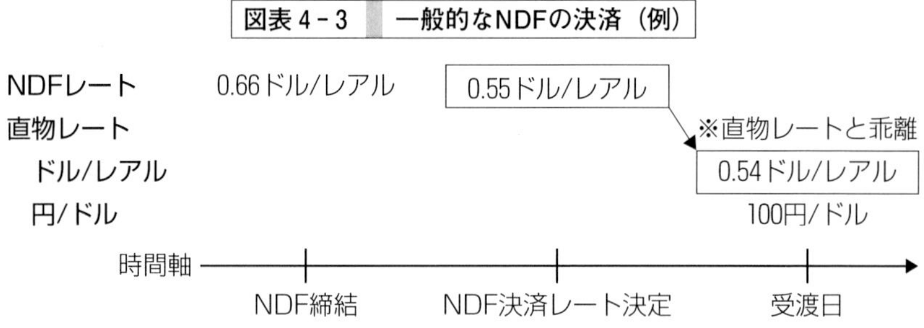

Q4-14　外貨建工事契約に対するヘッジ会計の適用

Q	外貨建工事契約の為替変動リスクをヘッジする目的で為替予約を締結した場合，ヘッジ会計を適用することはできますか。
A	工事収益総額からすでに計上した工事収益を除いた部分に関しては繰延ヘッジの適用が，工事収益に係る外貨建金銭債権には振当処理の適用が認められると考えられます。

解説

外貨建工事契約の為替変動リスクをヘッジする目的で為替予約を締結した場合，工事収益総額のうちすでに計上した工事収益を除いた部分に関しては外貨建予定取引として繰延ヘッジの適用が認められると考えられます（金融商品会計実務指針169）。また，為替予約を締結することにより工事収益に係る外貨建金銭債権の決済金額を固定できる場合は，振当処理の適用が認められると考えられます（外貨建取引実務指針５）。

１．工事契約に係る会計処理の概要

工事契約に係る会計処理には以下の２つの方法が適用されます（工事契約会計基準６）。

名　称	会計処理の方法
工事完成基準	工事が完成し目的物を引き渡した時点で，工事収益および工事原価を認識
工事進行基準	工事収益総額，工事原価総額，工事進捗度を見積り，工事進捗度に応じて工事収益および工事原価を認識

会計処理にあたっては，一定の要件を満たす場合は工事進行基準の適用が求められ，それ以外の場合は工事完成基準が適用されます（工事契約会計基準９）。

2．工事完成基準の適用

工事完成基準を適用した場合，完成，引渡しにより工事収益と対価としての金銭債権が計上されます。このため，工事契約は全体として未履行の確定契約に該当すると考えられます。そこで，工事契約が外貨建ての場合は完成，引渡しまでは予定取引として繰延ヘッジの適用が認められると考えられます（金融商品会計実務指針169）。また，為替予約を締結することにより，工事収益に係る外貨建金銭債権の決済金額を固定できる場合は振当処理の適用が認められると考えられます（外貨建取引実務指針５）。

3．工事進行基準の適用

工事進行基準を適用した場合，工事進捗度に応じて工事収益が認識され，これに対応して計上する未収入金は金銭債権とされます（工事契約会計基準17）。このため，為替予約を締結することにより，外貨建金銭債権の決済金額を固定できる場合は振当処理の適用が認められると考えられます（外貨建取引実務指針５）。また，工事収益総額からすでに計上した工事収益を除いた部分は，未履行の確定契約として繰延ヘッジの適用が認められると考えられます（金融商品会計実務指針169）。

設例４－７　工事進行基準を採用する外貨建工事契約へのヘッジ会計の適用

（前提条件）

①　４月30日に工事収益総額100ドルの工事契約の完成，引渡しを予定している。

②　６月30日に上記①の工事契約に係る外貨建金銭債権の決済を予定する。

③　１月31日に上記②の外貨建金銭債権に係る為替変動リスクをヘッジする目的で６月30日を限月とする為替予約（100ドルの売予約）を締結した。

④　直物レート，先物レートおよび工事進捗率は以下のとおりである。

月日	取引内容	進捗	直物レート	先物レート
X1/1/31	為替予約締結，受注	0％	120円/ドル	119円/ドル
X1/3/31	決算日	60％	111円/ドル	109円/ドル
X1/4/30	完成引渡し	100％	105円/ドル	104円/ドル
X1/6/30	決済		100円/ドル	100円/ドル

（会計処理）

<X1年1月31日（為替予約の締結と外貨建工事契約の受注）>

為替予約の締結

仕訳なし(※)

(※)　為替予約締結時の為替予約の時価はゼロ。

外貨建工事契約の受注

仕訳なし(※)

(※)　工事進捗度はゼロ％のため金銭債権は発生していません。

<X1年3月31日（決算日）>

工事収益および外貨建未収入金の認識と振当処理　（単位：円）

(借)	外貨建未収入金	(※)7,140	(貸)	工事収益	7,140

(※)　工事進捗度に応じた工事収益の認識と振当処理
100ドル×119円/ドル×60％＝7,140円

予定取引部分に係る為替予約の評価差額の繰延べ　（単位：円）

(借)	為替予約	(※)400	(貸)	繰延ヘッジ損益	400

(※)　予定取引部分に係る為替予約の評価差額の繰延べ
100ドル×(119円/ドル－109円/ドル)×(1－60％)＝400円

<X1年4月1日（翌期首）>　（単位：円）

(借)	繰延ヘッジ損益	(※)400	(貸)	為替予約	400

(※)　決算仕訳の戻入処理

<X1年4月30日（外貨建工事契約の完成，引渡しと振当処理）>　（単位：円）

(借)	外貨建未収入金	(※)4,760	(貸)	工事収益	4,760

(※)　工事進捗度に応じた工事収益の認識と振当処理
100ドル×119円/ドル×(1－60％)＝4,760円

<X1年6月30日（外貨建未収入金および為替予約の決済）> （単位：円）

（借）	現金預金	(※2)11,900	（貸）	外貨建未収入金	(※1)11,900

（※1） 外貨建未収入金の帳簿価額の消去
（※2） 外貨建未収入金の決済と為替予約の決済
100ドル×100円/ドル＋100ドル×（119円/ドル－100円/ドル）＝100ドル×119円/ドル＝11,900円

なお，収益認識会計基準の適用に伴い，工事進行基準は廃止されます。

Q4-15 外貨建金銭債権債務等の包括ヘッジ

Q	複数の外貨建金銭債権債務等に係る為替変動リスクをヘッジする目的で為替予約等を締結した場合，ヘッジ会計を適用することはできますか。
A	複数の外貨建金銭債権債務等をヘッジ対象としてグルーピングし，ヘッジ会計を適用することは認められます。

解説

リスクが共通する資産または負債等をグルーピングした上でヘッジ対象とすることは認められます（金融商品会計実務指針151）（以下「包括ヘッジ」といいます）。このため，その他のヘッジ会計の要件を満たせばヘッジ会計を適用することは認められます。この場合，為替予約等に係る評価差額を，為替予約等の契約締結時に，外貨建金銭債権債務等の外貨額を基礎として比例配分します（外貨建取引実務指針７）。

1．包括ヘッジの考え方

ヘッジ対象の識別は原則として取引単位で行います。ただし，複数の資産または負債のリスク要因が同様で，かつ，リスクに対する反応も同様である場合には，１つのヘッジ手段によって，そのリスクに対応できるものと考えられます（金融商品会計実務指針151，152）。このため，例えば，複数の外貨建金銭債権債務の通貨が同一で，かつ，決済日が同様の場合には，１つの為替予約等

により為替変動リスクをヘッジすることができると考えられます。

なお，ヘッジ対象が複数の資産または負債となるため，ヘッジ手段に係る損益または評価差額は，各ヘッジ対象にヘッジの効果を反映する配分基準に基づいて配分されることになります（金融商品会計実務指針173）。

２．複数の外貨建金銭債権債務等に対する包括ヘッジ

複数の外貨建金銭債権債務等に係る為替変動リスクをヘッジする目的で為替予約等を締結した場合，ヘッジ会計の要件を満たすことを前提に予定取引に該当する部分については繰延ヘッジの適用が認められます。さらに，このヘッジ取引によりキャッシュ・フローを固定することができる場合には振当処理の適用が認められます。なお，為替予約等に係る評価差額は各ヘッジ対象に配分されますが，その配分方法は，為替予約等の契約締結時に外貨建金銭債権債務等の外貨額を基礎として比例配分することになります（外貨建取引実務指針７）。具体的な会計処理は以下のとおりです。

設例４－８　複数の外貨建金銭債権債務等に対する包括ヘッジ

前提条件

①　１月31日に60ドル，４月30日に40ドル，総額100ドルで製品の輸出を予定している。

②　６月30日に上記①の予定取引に係る外貨建売掛金の決済を予定する。

③　１月31日に上記②の外貨建売掛金に係る為替変動リスクをヘッジする目的で６月30日を限月とする為替予約（80ドルの売予約）を締結した。

④　直物レートおよび先物レートは以下のとおりである。

年月日	取引内容	取引額	直物レート	先物レート
X1/1/31	為替予約締結 輸出（１回目）	60ドル	120円/ドル	119円/ドル
X1/3/31	決算日		111円/ドル	109円/ドル
X1/4/30	輸出（２回目）	40ドル	105円/ドル	104円/ドル
X1/6/30	決済		100円/ドル	100円/ドル

（会計処理）

<X1年1月31日（為替予約の締結と輸出取引（1回目）の実行）>

為替予約の締結と配分基準

取引総額（予定）	為替予約額	配分基準
100ドル(※1)	80ドル(※2)	80%(※3)

（※1） 前提条件①
（※2） 前提条件③
（※3） 80ドル÷100ドル＝80%

輸出取引（1回目）の実行と為替予約の配分　（単位：円）

（借）	外貨建売掛金	(※1)5,712	（貸）	売上高	5,712
	外貨建売掛金	(※2)1,440		売上高	1,440

（※1） 包括ヘッジの対象となる売上高
60ドル×119円/ドル×80%＝5,712円
（※2） 包括ヘッジの対象とならない売上高
60ドル×120円/ドル×(1－80%)＝1,440円

<X1年3月31日（決算日）>

予定取引部分に係る為替予約の評価差額の繰延べ　（単位：円）

（借）	為替予約	(※)320	（貸）	繰延ヘッジ損益	320

（※） 予定取引部分に係る為替予約の評価差額の繰延べ
40ドル×(119円/ドル－109円/ドル)×80%＝320円

包括ヘッジの対象とならない外貨建売掛金の換算　（単位：円）

（借）	為替差損益	(※)108	（貸）	外貨建売掛金	108

（※） 外貨建売掛金の換算
60ドル×(111円/ドル－120円/ドル)×(1－80%)＝△108円

<X1年4月1日（翌期首）>

（単位：円）

（借）	繰延ヘッジ損益	(※)320	（貸）	為替予約	320

（※） 決算仕訳の戻入処理

<X1年4月30日（輸出取引（2回目）の実行と為替予約の配分）>　（単位：円）

（借）	外貨建売掛金	(※1)3,808	売上高	3,808
	外貨建売掛金	(※2)840	売上高	840

（※1）包括ヘッジの対象となる売上高
40ドル×119円/ドル×80％＝3,808円
（※2）包括ヘッジの対象とならない売上高
40ドル×105円/ドル×（1－80％）＝840円

<X1年6月30日（外貨建売掛金および為替予約の決済）>　（単位：円）

（借）	現金預金	(※2)9,520	（貸）外貨建売掛金	(※1)11,692
	現金預金	(※3)2,000		
	為替差損益	(※4)132		
	為替差損益	(※5)40		

（※1）外貨建売掛金の帳簿価額の消去
（※2）包括ヘッジの対象となった外貨建売掛金の決済と為替予約の決済
80ドル×100円/ドル＋80ドル×（119円/ドル－100円/ドル）＝80ドル×119円/ドル＝9,520円
（※3）包括ヘッジの対象とならない外貨建売掛金の決済
（100ドル－80ドル）×100円/ドル＝2,000円
（※4）包括ヘッジの対象とならない外貨建売掛金（1回目）に係る為替差損益
60ドル×（100円/ドル－111円/ドル）×（1－80％）＝△132円
（※5）包括ヘッジの対象とならない外貨建売掛金（2回目）に係る為替差損益
40ドル×（100円/ドル－105円/ドル）×（1－80％）＝△40円

Q4-16　包括的な長期の為替予約

Q　今後数年間の輸入取引の為替変動リスクをヘッジする目的で同一レートの包括的な長期の為替予約を締結した場合，ヘッジ会計を適用することはできますか。

A　原則としてヘッジ会計の適用は認められません。ただし，合理的な経営計画があり損失が予想されない場合，または輸入取引と円建売上が紐付いており損失とならない場合には，予定取引に対して繰延ヘッジの適用が認められます。ただし，いずれの場合でも振当処理の適用は認められません。

解 説

1．繰延ヘッジの適用可否

(1) ヘッジ対象の要件

予定取引にヘッジ会計の適用が認められるには，主要な取引条件が合理的に予測可能であり，かつ，それが実行される可能性が極めて高い取引であることが求められます（金融商品会計基準（注12））。この点，予定取引実行までの期間が１年以上の場合，通常は高い精度で取引条件を予測し実行可能性を見積ることは難しいと考えられます。このため，原則として，予定取引実行までの期間が１年以上の場合はヘッジ会計の適用は認められません。

ただし，以下のいずれかの要件を満たす場合は，予定取引の要件（Q４－３参照）が満たされる可能性は高く，予定取引をヘッジ対象として繰延ヘッジの適用が認められる場合もあると考えられます（金融商品会計Q&A Q55-２）。

① 輸入取引と円建売上に係る合理的な経営計画があり，かつ，損失が予想されない（為替相場の合理的な予想に基づく必要がある）
② 輸入取引と解約不能な円建売上が紐付いており，かつ，損失とならない

(2) 会計処理の方法

同一レートの包括的な長期の為替予約は，キャッシュ・フローの現在価値がドルの購入額と円の支払額で等しくなるレートに設定されます。つまり，例えば，円の利子率がドルの利子率よりも低い場合，契約前半は各受渡日を期日とする為替予約よりも低く，契約後半は各受渡日を期日とする為替予約よりも高くドルを購入することにより，契約期間中の決済レートが同一となるように調整されています。このため，ヘッジ会計の会計処理にあたっては，包括的な長期の為替予約に係る同一レートを，理論的な先物レートに引き直してヘッジ手段に係る評価差額を計算します（金融商品会計Q&A Q55-２）。

2．振当処理の適用可否

上記のとおり，同一レートの包括的な長期の為替予約は，キャッシュ・フローの現在価値がドルの購入額と円の支払額で等しくなるレートに設定されま

す。このため，通貨スワップの一種と考えられますが，各受渡日を期日とする為替予約と異なる決済レートが用いられるため，為替予約型の通貨スワップ（Q４－９参照）には該当せず振当処理の適用は認められません（金融商品会計Q&A Q55-２）。

Q4-17　外貨建予定取引が遅延した場合のヘッジ会計の中止

Q	外貨建予定取引が予定より遅れた場合，ヘッジ会計の適用はどうなりますか。
A	ヘッジ会計の中止として，為替予約等に係る評価差額をヘッジ対象に係る損益が認識されるまで繰り延べます。

解　説

ヘッジ対象が引き続き存在している状況でヘッジ手段が消滅した場合はヘッジ会計を中止して，ヘッジ会計の中止時点までのヘッジ手段に係る損益または評価差額をヘッジ対象に係る損益が純損益として認識されるまで繰り延べることになります（金融商品会計基準33，金融商品会計実務指針180）。

１．基本的な考え方

予定取引が延期された場合であっても，主要な取引条件が合理的に予測可能であり，かつ，それが実行される可能性が極めて高ければ，引き続きヘッジ対象としての予定取引は存在することになります（金融商品会計基準（注12））。このため，為替予約等の決済に係る損益は，外貨建予定取引に係る損益が純損益として認識されるまで繰延ヘッジ損益として繰り延べることになります（金融商品会計基準33，金融商品会計実務指針180）。

具体的な会計処理は以下のとおりです。

設例４－９　外貨建予定取引の遅延によるヘッジ会計の中止

前提条件

① 当初，４月30日に製品100ドルの輸出を予定していた。
② ６月30日に上記①の予定取引に係る外貨建売掛金の決済を予定していた。
③ １月31日に上記②の外貨建売掛金に係る為替変動リスクをヘッジする目的で６月30日を限月とする為替予約（100ドルの売予約）を締結した。
④ 上記①の予定取引が７月31日に延期となった。
⑤ 直物レートおよび先物レートは以下のとおりである。

年月日	取引内容	直物レート	先物レート
X1/1/31	為替予約締結	120円/ドル	119円/ドル
X1/3/31	決算日	111円/ドル	109円/ドル
X1/6/30	決済（当初予定）	100円/ドル	100円/ドル
X1/7/31	輸出取引実行	98円/ドル	

会計処理

＜X1年１月31日（為替予約の締結）＞

仕訳なし（※）

（※）為替予約締結時の為替予約の時価はゼロ。

＜X1年３月31日（決算日）＞　（単位：円）

（借）	為替予約	（※）1,000	（貸）	繰延ヘッジ損益	1,000

（※）為替予約の決算日の時価評価と評価差額の繰延べ
100ドル×（119円/ドル－109円/ドル）＝1,000円

＜X1年４月１日（翌期首）＞　（単位：円）

（借）	繰延ヘッジ損益	（※）1,000	（貸）	為替予約	1,000

（※）決算仕訳の戻入処理

<X1年6月30日（為替予約の決済とヘッジ会計の中止）>　（単位：円）

（借）	現 金 預 金	(※)1,900	（貸）	繰延ヘッジ損益	1,900

（※）　為替予約の決済

100ドル×（119円/ドル－100円/ドル）＝1,900円

<X1年7月31日（予定取引の実行とヘッジ手段の損益認識）>

予定取引の実行　（単位：円）

（借）	外貨建売掛金	(※)9,800	（貸）	売 上 高	9,800

（※）　外貨建取引の実行

100ドル×98円/ドル＝9,800円

ヘッジ手段の損益認識　（単位：円）

（借）	繰延ヘッジ損益	(※)1,900	（貸）	売 上 高	1,900

（※）　ヘッジ会計の中止によって繰り延べた損益を純損益として認識します。

2．外貨建予定取引の延期後に新たなヘッジ指定をする場合

予定取引が延期された場合でも引き続きヘッジ対象としての予定取引が存在する場合は，新たに為替予約等を締結してヘッジ会計を適用することは認められると考えられます。ただし，この場合，当初のヘッジ手段は決済により消滅しているので，新たに締結した為替予約等を延期された予定取引に係るヘッジ手段として指定することが求められます（金融商品会計実務指針143，150，320）。

また，当初の為替予約等の決済により取得した外貨建預金等を延期された予定取引に係るヘッジ手段として改めて指定することによりヘッジ会計を適用することも認められると考えられます（金融商品会計実務指針165）。

Q4-18 外貨建金銭債権が貸し倒れた場合のヘッジ会計の終了

Q	外貨建金銭債権の為替変動リスクをヘッジする目的で為替予約を締結したのち，この外貨建金銭債権が貸し倒れた場合，ヘッジ会計の適用はどうなりますか。
A	外貨建金銭債権の貸倒れ時にヘッジ会計の終了として，為替予約の評価差額を当期の損益に計上します。また，以降に生じる為替予約の評価差額は発生した期の損益に計上します。

解 説

ヘッジ対象が存在しなくなった場合はヘッジ会計を終了して，繰延べられていたヘッジ手段に係る損益または評価差額を当期の損益として処理することになります（金融商品会計実務指針181）。これは，本問のようにすでに取得した外貨建金銭債権が消滅した場合のほか，外貨建予定取引が実行されないことが明らかになった場合にも同様の考えに基づき処理されます。

1．振当処理を適用する場合のヘッジ会計の終了

外貨建金銭債権をヘッジ対象として為替予約を締結する目的は，外貨建金銭債権の決済金額に係る為替変動リスクをヘッジすることにあると考えられます。このため，外貨建金銭債権が決済されずに貸し倒れた場合はヘッジの目的は達成されずに終了することになります。そこで，ヘッジ対象が消滅した場合として，外貨建金銭債権を為替予約相場で円換算することにより繰り延べていた為替予約の評価差額を当期の損益として処理します（金融商品会計実務指針181）。

具体的な会計処理は以下のとおりです。

設例 4-10 外貨建金銭債権が消滅した場合のヘッジ会計の終了

（前提条件）

① 4月30日に製品100ドルの輸出を予定している。

② 6月30日に上記①の予定取引に係る外貨建売掛金の決済を予定していた。

③　1月31日に上記②の外貨建売掛金に係る為替変動リスクをヘッジする目的で6月30日を限月とする為替予約（100ドルの売予約）を締結した。

④　5月31日に上記①の外貨建売掛金が貸し倒れた。

⑤　直物レートおよび先物レートは以下のとおりである。

年月日	取引内容	直物レート	先物レート
X1/1/31	為替予約締結	120円/ドル	119円/ドル
X1/3/31	決算日	111円/ドル	109円/ドル
X1/4/30	輸出取引実行	105円/ドル	104円/ドル
X1/5/31	外貨建売掛金の貸倒れ	103円/ドル	102円/ドル
X1/6/30	決済（当初予定）	100円/ドル	100円/ドル

（会計処理）

＜X1年1月31日（為替予約の締結）＞

仕訳なし(※)

（※）　為替予約締結時の為替予約の時価はゼロ。

＜X1年3月31日（決算日）＞

（単位：円）

（借）	為替予約	(※)1,000	（貸）	繰延ヘッジ損益	1,000

（※）　為替予約の決算日の時価評価
100ドル×(119円/ドル－109円/ドル)＝1,000円

＜X1年4月1日（翌期首）＞

（単位：円）

（借）	繰延ヘッジ損益	(※)1,000	（貸）	為替予約	1,000

（※）　決算仕訳の戻入処理

＜X1年4月30日（輸出取引の実行と振当処理）＞

（単位：円）

（借）	外貨建売掛金	(※)11,900	（貸）	売上高	11,900

（※）　外貨建取引の実行と振当処理
100ドル×119円/ドル＝11,900円

<X1年5月31日（外貨建売掛金の貸倒れとヘッジ会計の終了）>

外貨建売掛金の貸倒れ（単位：円）

（借）	貸倒損失	(※)11,900	（貸）	外貨建売掛金	11,900

（※） 外貨建売掛金の帳簿価額の消去

ヘッジ会計の終了（単位：円）

（借）	為替予約	(※)1,700	（貸）	為替差損益	1,700

（※） 為替予約の評価差額を当期の損益として処理
100ドル×（119円/ドル－102円/ドル）＝1,700円

<X1年6月30日（為替予約の決済）>（単位：円）

（借）	現金預金	(※2)1,900	（貸）	為替予約	(※1)1,700
				為替差損益	(※3)200

（＊1） ヘッジ会計終了時の為替予約の消去
（＊2） 為替予約の決済
100ドル×（119円/ドル－100円/ドル）＝1,900円
（＊3） 貸借差額

2．予定取引が実行されないことが明らかになった場合のヘッジ会計の終了

外貨建予定取引をヘッジ対象として為替予約を締結する目的は，外貨建予定取引実行時に取得する外貨建金銭債権の為替変動リスクをヘッジすることにあると考えられます。このため，予定取引が実行されないことが明らかになった場合は，ヘッジ対象が消滅した場合と同様にヘッジの目的は達成されずに終了することになります。そこで，繰延ヘッジ損益として繰り延べていた為替予約の評価差額を当期の損益として処理します（金融商品会計実務指針181）。

具体的な会計処理は以下のとおりです。

設例4-11 予定取引が実行されないことが明らかになった場合のヘッジ会計の終了

前提条件

① 4月30日に製品100ドルの輸出を予定していた。

② 6月30日に上記①の予定取引に係る外貨建売掛金の決済を予定していた。

③　1月31日に上記②の外貨建売掛金に係る為替変動リスクをヘッジする目的で6月30日を限月とする為替予約（100ドルの売予約）を締結した。

④　3月31日に上記①の予定取引が実行されないことが明らかになった。

⑤　直物レートおよび先物レートは以下のとおりである。

年月日	取引内容	直物レート	先物レート
X1/1/31	為替予約締結	120円/ドル	119円/ドル
X1/3/31	決算日	111円/ドル	109円/ドル
X1/4/30	輸出取引実行（当初予定）	105円/ドル	104円/ドル
X1/6/30	決済（当初予定）	100円/ドル	100円/ドル

会計処理

＜X1年1月31日（為替予約の締結）＞

仕訳なし(※)

（※）為替予約締結時の為替予約の時価はゼロ。

＜X1年3月31日（決算日（予定取引が実行されないことが明らかになる））＞

（単位：円）

(借) 為替予約	(※)1,000	(貸) 為替差損益	1,000

（※）為替予約の評価差額を当期の損益として処理します。
100ドル×（119円/ドル－109円/ドル）＝1,000円

＜X1年4月1日（翌期首）＞

（単位：円）

(借) 為替差損益	(※)1,000	(貸) 為替予約	1,000

（※）決算仕訳の戻入処理

＜X1年6月30日（為替予約の決済）＞

（単位：円）

(借) 現金預金	(※)1,900	(貸) 為替差損益	1,900

（※）為替予約の決済
100ドル×（119円/ドル－100円/ドル）＝1,900円

Q4-19 連結会社間取引のヘッジ会計適用の可否

Q	連結会社間取引の為替変動リスクをヘッジする目的で為替予約等を締結した場合，連結財務諸表上で振当処理を適用することはできますか。
A	連結財務諸表上，ヘッジ関係は認められず，為替予約等に係る評価差額を当期の損益として計上することになります。 ただし，連結会社間取引が外部取引と紐付いており，かつ，連結決算であらかじめヘッジ指定する場合は振当処理の適用が認められます。

解 説

連結財務諸表上，連結会社間取引は内部取引として相殺消去されるため，ヘッジ対象が存在しないことになります。このため，ヘッジ関係は存在せず，外部取引としての為替予約等のみが残ることになります。そこで，デリバティブ取引である為替予約等は時価評価し，評価差額を当期の損益として処理することになります（金融商品会計基準25，金融商品会計実務指針163）。

ただし，連結上相殺消去される内部取引が一方の連結会社の外部取引と紐付いており，かつ，連結決算において，他方の連結会社が有する為替予約等を外部取引に係るヘッジ手段としてあらかじめ指定する場合にはヘッジ会計の要件（Q4-1参照）を満たすことを前提に振当処理の適用が認められます。この取扱いは，内部取引と外部取引の個別対応関係が明確な場合に限られます（金融商品会計実務指針163，333）。

なお，連結会社間の外貨建予定取引に係る為替変動リスクをヘッジする目的で為替予約等を締結する場合には，為替相場変動による損失の可能性は引き続き残るためヘッジ会計の適用が認められます（金融商品会計実務指針163，333）。

第5章

ヘッジ会計②
──有価証券・持分ヘッジ

Point

- 外貨建その他有価証券に対しては，繰延ヘッジと時価ヘッジのいずれかを選択することが可能です。
- 在外子会社株式に対してのヘッジ会計のほか，在外子会社からの配当金に対してもヘッジ会計を適用することが可能です。
- ヘッジ対象の外貨建債券が減損した場合，ヘッジ対象について損益を認識した部分について，ヘッジ会計の部分的な終了を検討する必要があります。

Q5-1 その他有価証券に対するヘッジ

Q	外貨建その他有価証券に対するヘッジについて教えてください。
A	繰延ヘッジと時価ヘッジのいずれかを選択適用できます。時価ヘッジはヘッジ対象の時価変動に係る特定の要素，例えば為替リスクの場合は為替差損益を認識することで損益の発生タイミングを一致させます。

解 説

1．その他有価証券に対するヘッジ会計の意義

ヘッジ対象が外貨建てのその他有価証券である場合，換算は決算日レートで行われるものの，換算差額は原則として純資産の部に直接計上され，ヘッジ手段に係る損益または評価差額を損益処理すると，ヘッジ手段とヘッジ対象の損益処理の時期が一致しなくなるため，ヘッジ会計の対象とする必要があります。金融商品会計実務指針において，外貨建その他有価証券については，以下の方法によるヘッジ会計が認められています（金融商品会計実務指針160，168，336）。

2．繰延ヘッジ会計

決算時処理の原則どおり，ヘッジ対象である外貨建その他有価証券の時価の変動額を純資産の部に計上します。また，ヘッジ手段の損益または評価差額についても，ヘッジ対象の為替レート変動による時価の変動額が損益処理されるまで，純資産の部で繰り延べられます。

結果として，ヘッジ対象の為替変動リスクから生じる時価変動額が損益処理されたときには，ヘッジ手段から生じる時価変動額も損益処理されるため，損益計算書上で相殺されることになります。

設例5－1　外貨建その他有価証券に対するヘッジ会計①　繰延ヘッジ

前提条件

【ヘッジ対象】

- A社（3月決算）は，以下の条件で外貨建債券を取得し，その他有価証券として分類した。

取得日	1月1日
取得価額	960ドル
額面	1,000ドル
満期	6月30日
クーポン利率	4％
利払日	6月末日

- 取得価額と債券金額（額面）の差額は，すべて金利の調整額として取り扱い，償却原価法の適用にあたって簡便法である定額法を採用する。
- 税効果会計は考慮しない。
- A社は全部純資産直入法を採用している。
- 当該債券時価は以下である。

取得日（1月1日）	960ドル
決算日（3月31日）	985ドル
満期日（6月30日）	1,000ドル

【ヘッジ手段】

- 外貨建債券取得と同日に，当該債券の外貨建ての債券金額に対し，円高により決済金額が減少するリスクを回避するため，6月30日を限月とした1,000ドル売りの為替予約を締結した。

【為替レート】

	直物レート	先物レート（6月限月）
取得日（1月1日）	100円/ドル	105円/ドル
期中平均レート（1月1日～3月31日）	105円/ドル	—
決算日（3月31日）	110円/ドル	112円/ドル
期中平均レート（4月1日～6月30日）	115円/ドル	—
満期日（6月30日）	120円/ドル	120円/ドル

（会計処理）

1月1日から3月31日までの有価証券の会計処理については設例2-3（68頁参照）と同様です。以下，6月30日の有価証券の仕訳，および，ヘッジ手段である為替予約に係る仕訳を示します。

<取引実行日（1月1日）>

ヘッジ対象　（単位：円）

（借）その他有価証券　(※)96,000　（貸）現　金　預　金　96,000

（※）960ドル×100円/ドル＝96,000円

ヘッジ手段

仕訳なし(※)

（※）為替予約の購入時点では仕訳は計上されません。

＜決算日（3月31日）＞

ヘッジ対象　（単位：円）

（借）	未収利息	(※2)1,100	（貸）	有価証券利息	(※1)1,050
				為替差損益	(※3)50
（借）	その他有価証券	(※4)2,100	（貸）	有価証券利息	(※4)2,100
（借）	その他有価証券	(※5)10,250	（貸）	その他有価証券評価差額金	(※5)10,250

（※1）　有価証券利息（発生期間の期中平均レートで換算）
1,000ドル×4％÷12か月×3か月×105円/ドル＝1,050円

（※2）　未収利息（決算日レートで換算）
1,000ドル×4％÷12か月×3か月×110円/ドル＝1,100円

（※3）　未収利息に係る換算差額
1,100円－1,050円＝50円

（※4）　利息の調整額とすべき償却額（帳簿価額への加算額）
（1,000ドル－960ドル）÷6か月×3か月×105円/ドル＝2,100円

（※5）　外貨建ての時価を決算日の為替レートで換算した額から，取得時帳簿価額を控除。
985ドル×110円/ドル－96,000円＝12,350円
当期償却額（利息調整額）を控除。
12,350円－2,100円＝10,250円

ヘッジ手段　（単位：円）

（借）	その他有価証券評価差額金	(※)7,000	（貸）	為替予約	7,000

（※）　為替予約の決算日の時価評価
1,000ドル×（112円/ドル－105円/ドル）＝7,000円

＜翌期首（4月1日）＞

ヘッジ対象　（単位：円）

（借）	その他有価証券評価差額金	10,250	（貸）	その他有価証券	10,250

（※）　前期末計上の戻入処理

ヘッジ手段　（単位：円）

（借）	為替予約	7,000	（貸）	その他有価証券評価差額金	7,000

（※）　前期末計上の戻入処理

＜満期日（6月30日）＞

ヘッジ対象　（単位：円）

（借）	現金預金	2,400	（貸）	有価証券利息	(※1)1,150
				未収利息	(※2)1,200
				為替差損益	(※3)50
（借）	その他有価証券	(※4)2,300	（貸）	有価証券利息	(※4)2,300
（借）	現金預金	(※6)120,000	（貸）	為替差損益	19,600
				その他有価証券	(※5)100,400

（※1）　有価証券利息（発生期間の期中平均レートで換算）
1,000ドル×4％÷12か月×3か月×115円/ドル＝1,150円

（※2）　未収利息（満期日レートで換算）
1,000ドル×4％÷12か月×3か月×120円/ドル＝1,200円

（※3）　未収利息に係る換算差額
1,200円－1,150円＝50円

（※4）　利息の調整額とすべき償却額（帳簿価額への加算額）
（1,000ドル－960ドル）÷6か月×3か月×115円/ドル＝2,300円

（※5）　満期日における帳簿価額
96,000円＋2,100円＋2,300円＝100,400円

（※6）　外貨建ての時価を満期日の為替レートで換算した額
1,000ドル×120円/ドル＝120,000円

ヘッジ手段　（単位：円）

（借）	為替差損益	15,000	（貸）	現金預金	(※)15,000

（※）　為替予約の決済
（105ドル/円－120ドル/円）×1,000ドル＝△15,000円

3．時価ヘッジ会計

ヘッジ対象である外貨建その他有価証券の時価変動要因のうち，為替レートの変動による時価の変動額を損益処理し，その他のリスク要素（金利，信用等）の変動による時価の変動額は純資産の部に計上します。

他方，ヘッジ手段の損益または評価差額は発生時に損益処理することで，結果としてヘッジ手段から生じる時価変動額と，ヘッジ対象の為替変動リスクから生じる時価変動額が損益計算書上で相殺されることになります。

設例 5－2　外貨建その他有価証券に対するヘッジ会計②　時価ヘッジ

前提条件

- A社（3月決算）は，以下の条件で外貨建債券を取得し，その他有価証券として分類した。
- A社は全部純資産直入法を採用している。
- 外貨建債券取得と同日に，当該債券の外貨建ての債券金額に対し，円高により決済金額が減少するリスクを回避するため，6月30日を限月とした1,000ドル売りの為替予約を締結した。
- 外貨建その他有価証券のヘッジについて，時価ヘッジを採用している。

取得日	1月1日
取得価額	1,000ドル
額面	1,000ドル
満期	6月30日
クーポン利率	便宜上無視する。
利払日	便宜上無視する。

- 当該債券時価は以下である。

取得日（1月1日）	1,000ドル
決算日（3月31日）	1,000ドル
満期日（6月30日）	1,000ドル

- 為替レートは以下である。

	直物レート	先物レート（6月限月）
取得日（1月1日）	100円/ドル	105円/ドル
決算日（3月31日）	110円/ドル	112円/ドル
満期日（6月30日）	120円/ドル	120円/ドル

会計処理

<取引実行日（1月1日）>

（単位：円）

（借）	その他有価証券	(※)100,000	（貸）	現金預金	100,000

（※） 1,000ドル×100円/ドル＝100,000円

<決算日（3月31日）>

（単位：円）

（借）	その他有価証券	(※1)10,000	（貸）	為替差損益	(※2)10,000
	為替差損益	(※4)7,000		為替予約	(※3)7,000

（※1） 外貨建の時価を決算日の為替レートで換算した額から，取得時帳簿価額を控除します。
1,000ドル×110円/ドル－100,000円＝10,000円

（※2） 時価ヘッジを採用しているため，ヘッジ対象の時価変動額のうち，為替レート変動による変動額を損益処理します。

（※3） 為替予約の決算日の時価評価
1,000ドル×（112円/ドル－105円/ドル）＝7,000円

（※4） 時価ヘッジを採用しているため，ヘッジ手段の時価評価額は，全額損益処理します。

<翌期首（4月1日）>

仕訳なし(※)

<満期日（6月30日）>

（単位：円）

（借）	現金預金	(※1)120,000	（貸）	その他有価証券	110,000
				為替差損益	10,000
（借）	為替予約	7,000	（貸）	現金預金	(※2)15,000
	為替差損益	8,000			

（※1） 償還による入金額
1,000ドル×120円/ドル＝120,000円

（※2） 為替予約の決済
（105ドル/円－120ドル/円）×1,000ドル＝△15,000円

Q5-2 ヘッジ対象が減損した場合のヘッジ手段の取扱い

Q	ヘッジ対象の外貨建債券が減損した場合のヘッジ手段の会計処理について教えてください。
A	ヘッジ指定そのものは継続しますが，ヘッジ対象について損益を認識した部分についてはヘッジ会計が部分的に終了したものとみることになるものと考えられます。

解説

■外貨建債券の為替リスクを通貨スワップでヘッジしている事例

会社は保有する外貨建債券の為替変動リスクをヘッジするために通貨スワップを利用し，繰延ヘッジ処理を行っています。ヘッジ対象である外貨建債券は，「その他有価証券」に区分されており，外貨による期末時価を期末レートにより換算した円貨額で評価したうえで，帳簿価額との差額を「その他有価証券評価差額金」として処理しています（金融商品会計実務指針168ただし書き）。この場合，ヘッジ対象である外貨建債券の期末時価が著しく下落し，減損処理の条件に該当する場合のヘッジ対象およびヘッジ手段の会計処理が問題となります。

繰延ヘッジ処理は，「ヘッジ手段に係る損益または評価差額をヘッジ対象に係る損益が認識されるまで純資産の部において繰り延べる」こととされていますが（金融商品会計基準32），これは，ヘッジ対象をヘッジしていない場合と同様の会計処理とし，ヘッジ手段に係る損益の認識をそれに合わせるという趣旨と解されます。

繰延ヘッジ処理は，ヘッジ手段の損益認識時期を調整する会計処理であり，ヘッジ対象の会計処理を左右するものではないと考えられますので，ヘッジ対象が減損処理の条件に該当する場合には，減損処理を行う必要があるものと思われます。

なお，ヘッジ対象の減損処理に合わせて為替差損益に相当する部分は損益として認識されるため，その時点までのヘッジ手段に係る損益または評価差額も損益に計上することになると考えられます。すなわち，ヘッジ指定そのものは継続しますが，ヘッジ対象について損益を認識した部分についてはヘッジ会計が部分的に終了したものとみることになるものと考えられます。

Q5-3　減損処理後の利息部分に対するヘッジ会計の取扱い

Q	外貨建債券を保有しており，当該債券の元本および利息の為替変動リスクを金利通貨スワップ（金利の変換を含む通貨スワップ）によりヘッジしていますが，昨今の金融不安の影響を受けた当該外貨建債券について，デフォルトリスクを加味して減損処理を行いました。この場合，利息部分について引き続きヘッジ会計を適用できますか。なお，ヘッジ手段には金利通貨スワップを利用しています。
A	利息部分についてヘッジ関係は継続していると考えられますので，ヘッジ会計の適用を継続することができると考えられます。

解説

■ヘッジ手段である金利通貨スワップの会計処理

この場合，ヘッジ手段である金利通貨スワップについてどのような会計処理となるかが問題となります。

ヘッジ対象である外貨建債券の金利変動リスクおよび為替変動リスクそれぞれのヘッジを目的として金利通貨スワップを利用する場合，原則として，金利通貨スワップの時価評価差額のうち，それぞれのリスクに応じた部分を区分することができれば，それぞれの部分について以下のように区分して会計処理します。

為替変動リスク部分について，ヘッジ対象としていた外貨建債券のうち減損処理された部分については，ヘッジ対象が消滅したと考えられるため，ヘッジ会計の終了として処理します（金融商品会計実務指針181）。一方，当該外貨建債券のうち，減損処理されなかった部分については回収可能と判断されていますので，当初のヘッジ関係は継続していると考えられます。

また，同様に，利息部分についてもヘッジ関係は継続していると考えられますので，ヘッジ会計の適用を継続することができると考えられます。

ただし，金融商品会計実務指針第119項に基づいて，すでに計上されている未収利息を損失として処理し，それ以後の期間に係る利息の計上を中止した場合には，ヘッジ対象が消滅したと考えられるため，ヘッジ会計の終了として処理する必要があります。

Q5-4　外貨建満期保有目的債券に対するヘッジ

Q	外貨建満期保有目的債券をヘッジ対象にすることはできますか。
A	外貨建満期保有目的債券をヘッジ対象にすることはできます。

解説

１．満期保有目的債券に対するヘッジ会計の可否

満期保有目的の債券は「満期までの間の金利変動による価格変動のリスクを認める必要がない」ものであり，したがって会計処理においてもこれを反映し，「時価が算定できるものであっても，償却原価法に基づいて算定された価額をもって貸借対照表価額とする」こととされています。このような趣旨に鑑みて，満期保有目的の債券に対して，金利変動による価格変動リスクをヘッジする取引に会計上特別なヘッジ会計を認めることは，論理的に整合しません。したがって，原則としてこれを認めないこととしています。一方で，変動利付債券については満期保有目的の債券に区分できることになっていることから，固定利付債券を購入当初から金利スワップで実質変動利付に変えている場合についても同様に扱ってよいのではないかとの意見がありました。他方，金利スワップによるヘッジを債券の保有期間中に開始または中止する場合，実質的に債券の入替えを行うことと同様の効果をもたらすこととなり，保有意図を前提とした満期保有目的の債券に関する取扱いそのものに矛盾を生じさせるおそれがあ

ります。こうした考慮により，金利スワップの特例処理の要件という一定の制限の下で，満期保有目的の債券の金利変動リスク（相場変動リスクまたはキャッシュ・フロー変動リスク）のヘッジについてもヘッジ会計を認めることとしています（金融商品会計実務指針325）。

2．外貨建満期保有目的債券に対するヘッジ会計

外貨建ての満期保有目的の債券に係る為替リスクのヘッジについては，「ヘッジ対象が決算時の為替相場で換算され，換算差額が当期の純損益に計上されるためヘッジ会計の必要はないが，ヘッジ会計の要件を満たす場合には振当処理の対象となり得る（金融商品会計実務指針326）」と明記され，ヘッジ対象とすることが可能です。以下，設例を示します。

設例５－３　外貨建満期保有目的債券に対するヘッジ会計

前提条件

A社（３月決算）は，X1年１月１日に既発の外貨建債券を94ドルで取得した。取得時の直物為替相場は１ドル＝110円であった。この債券については，満期まで所有する意図をもって保有するものである。なお，取得価額と債券金額（額面）との差額については，すべて金利の調整部分（金利調整差額）であると考えられる。

A社は当該債券の外貨建ての債券金額（100ドル）に対して満期償還時の為替変動リスクを回避するため，取得時に為替予約契約を締結しており（予約相場１ドル＝110円），ヘッジ会計の要件を満たしている。

【債券の発行条件】

額面	100ドル
満期	X3年12月31日
クーポン利率	年利２％
利払日	毎年６月末日および12月末日

【取得後の直物為替相場および期中平均相場の推移】

X1年3月31日（決算日）	114円/ドル
X1年6月30日（第1回利払日）	112円/ドル
X1年9月30日（中間決算日）	108円/ドル
X3年9月30日（中間決算日）	98円/ドル
X3年12月31日（満期日，最終利払日）	106円/ドル
X1年1月1日～X1年3月31日（期中平均相場）	112円/ドル
X1年4月1日～X1年9月30日（期中平均相場）	110円/ドル
X3年10月1日～X3年12月31日（期中平均相場）	108円/ドル

なお，単純化のため，先物為替相場は直物為替相場と同一であったものとする。

会計処理（償却原価法の簡便法採用）

為替予約の振当処理は以下のとおりです。

＜X1年1月1日（取得日）＞

（単位：円）

（借）	満期保有目的債券	(※)11,000	（貸）	現金預金	10,340
				長期前受収益	660

（※）取得価額の算定

外貨建ての額面金額を為替予約相場により円換算し，為替予約差額については長期前受収益として満期日の属する期までの期間にわたって配分します。

100ドル×110円/ドル＝11,000円

＜X1年3月31日（決算日）＞

（単位：円）

（借）	未収収益	(※1)57	（貸）	有価証券利息	57
	長期前受収益	(※2)55		為替差損益	55

（※1）未収利息の計算

ドル建ての経過利息を決算日の直物為替相場で換算します。

100ドル×2％×3か月/12か月×114円＝57円

（※2）為替予約差額の期間配分

660円×3か月/36か月＝55円

<X1年6月30日（第1回利払日）>

（単位：円）

（借）	現金預金	112	（貸）	有価証券利息	(※)112
	有価証券利息	57		未収収益	57

（※） 有価証券利息の計算
100ドル×2％×6か月/12か月×112円＝112円

<X1年9月30日（中間決算日）>

（単位：円）

（借）	未収収益	(※1)54	（貸）	有価証券利息	54
	長期前受収益	(※2)110		為替差損益	110

（※1） 未収利息の計算
100ドル×2％×3か月/12か月×108円＝54円

（※2） 為替予約差額の期間配分
660円×6か月/36か月＝110円

<X3年12月31日（満期日，最終利払日）>

（単位：円）

（借）	現金預金	106	（貸）	有価証券利息	(※)106

（※） 有価証券利息の計算
100ドル×2％×6か月/12か月×106円＝106円

（単位：円）

（借）	有価証券利息	49	（貸）	未収収益	(※1)49
	長期前受収益	(※2)55		為替差損益	55

（※1） X3年9月30日において計上した未収利息の戻し
100ドル×2％×3か月/12か月×98円＝49円

（※2） 為替予約差額の期間配分
660円×3か月/36か月＝55円

（単位：円）

（借）	現金預金	11,000	（貸）	満期保有目的債券	11,000

Q5-5　時価ヘッジ

Q	どの金融商品に対しても時価ヘッジを適用することは可能ですか。
A	その他有価証券のみに適用されるものと解されます。

解説

金融商品会計基準第32項ただし書きに規定された「ヘッジ対象である資産または負債に係る相場変動等を損益に反映させることにより，その損益とヘッジ手段に係る損益とを同一の会計期間に認識する」方法は，「ヘッジ対象である資産または負債に係る相場変動等を損益に反映させることができる場合」（金融商品会計基準106）に適用することができます。したがって，この処理方法の適用対象は，ヘッジ対象の時価を貸借対照表価額とすることが認められているものに限定され，金融商品会計基準の規定との関係上，現時点ではその他有価証券のみであると解釈されます（金融商品会計実務指針185）。

Q5-6　在外子会社等に対する投資持分に係るヘッジ

Q	在外子会社株式に対してもヘッジ会計を適用できますか。
A	在外子会社株式に対してもヘッジ会計を適用できます。

解説

在外子会社等の資産および負債はともに決算日の為替レートで換算されるため，資産および負債は相互に為替レート変動リスクをヘッジし合うこととなります。したがって，在外子会社等への投資に係る為替レート変動リスクは，在外子会社等の純資産のうち，親会社持分のみとなります。在外子会社等に対する持分への投資をヘッジ対象とした場合，ヘッジ手段から生じた為替換算差額について，為替換算調整勘定に含めて処理することができます（外貨建取引会計基準注解（注13））。

在外子会社等に対する投資の為替変動リスクをヘッジする手段としては，例えば，親会社が在外子会社等の記録通貨と同一通貨で借入れを行い，ヘッジ手段として指定する場合の当該借入金が考えられます。このような処理を行うためには金融商品会計基準で規定されているヘッジ会計の要件を充足する必要がありますが，ヘッジ対象とヘッジ手段が同一通貨の場合には，有効性の評価を省略することができます。また，ヘッジ手段から生じる為替換算差額が，ヘッジ対象から生じるそれを超過する場合，当該超過部分は当期の損益として処理しなければなりません。ただし，税効果相当額控除後の換算差額をもって為替換算調整勘定をヘッジする方法によっている場合には，税効果相当額控除後の換算差額と為替換算調整勘定を比較して超過額を算定します（外貨建取引実務指針35）。なお，上記在外子会社等には在外孫会社等も含められ，在外孫会社等に対する投資をヘッジする目的のヘッジ取引についても，ヘッジの要件を満たしている限りヘッジ会計の適用が認められます。持分法適用会社に対する投資についても，同様の経済的効果が認められるため，在外子会社等と同様に取り扱うこととされます（外貨建取引実務指針35，72）。

設例５－４　在外子会社に対する投資持分に係るヘッジ会計

前提条件

【X1年度について】

① Ａ社（12月決算）は，X1年12月31日に米国を拠点とするＢ社（12月決算）の発行する全株式の80％を480千ドルで取得し，連結子会社とし，同日をＢ社支配獲得日とした。

② Ｂ社の資産のうち，200千ドルは土地であり，その時価はX1年12月31日現在300千ドルであった。Ｂ社は，土地以外に時価評価すべき資産・負債を保有していなかった。

③ Ａ社は，Ｂ社株式取得と同日に，Ｂ社への投資持分の為替変動リスクをヘッジする目的で，X2年12月30日を限月とした400千ドル売りの為替予約を締結した。金融商品会計基準に定めるヘッジ会計の要件も満たしている。

【X2年度について】

①　資産・負債の時価評価差額については税効果を認識する。為替換算調整勘定については税効果を認識しない。

②　資産・負債の時価評価方法は全面時価評価法による。

③　実効税率は30％とする。

④　のれんは，投資効果の発現する期間を見積り，10年で均等償却を行う。

⑤　のれんを連結修正仕訳で計上する方法を採用している。

⑥　為替予約について，税引前の換算差額をもって，為替換算調整勘定をヘッジする方法を採用している。

⑦　現状，Ｂ社投資の撤退，売却の予定はない。

⑧　為替レートは以下である。

	直物レート	先物レート（X2年12月限月）
Ｂ社株式取得日（X1年12月31日）	100円/ドル	98円/ドル
期中平均（X2年１月１日～12月31日）	95円/ドル	―
連結決算日（X2年12月31日）	90円/ドル	90円/ドル

⑨　決算日におけるＡ社およびＢ社の財務諸表は以下である。

［Ａ社損益計算書（X2年１月１日～X2年12月31日）］　（単位：千円）

売上原価	8,000	売上	10,000
当期純利益	2,000		

［Ａ社株主資本等変動計算書（X2年１月１日～X2年12月31日）］　（単位：千円）

		資本金	利益剰余金
前期末残高		50,000	20,000
当期変動額	当期純利益		2,000
当期末残高		50,000	22,000

［Ａ社貸借対照表（X2年12月31日）］　（単位：千円）

現金預金	27,200	資本金	50,000
子会社株式	48,000	利益剰余金	22,000
		繰延ヘッジ損益	(※1)3,200

（※1） 為替予約の決算日の時価評価

B社投資の撤退，売却の予定はないため，為替予約の時価評価について税効果は適用しない。

400千ドル×（98円/ドル－90円/ドル）＝3,200千円

［B社損益計算書（X2年1月1日～X2年12月31日）］ （単位：千ドル）

借方	金額	貸方	金額
売上原価	300	売上	500
当期純利益	200		

［B社株主資本等変動計算書（X2年1月1日～X2年12月31日）］（単位：千ドル）

		資本金	利益剰余金
前期末残高		300	140
当期変動額	当期純利益		200
当期末残高		300	340

［B社貸借対照表（X2年12月31日）］ （単位：千ドル）

借方	金額	貸方	金額
現金預金	500	負債	260
土地	200	資本金	300
その他資産	200	利益剰余金	340

会計処理

1　B社土地の評価替え（B社の支配獲得日であるX1年12月31日の評価差額を計上）およびのれんの計上

（単位：千ドル）

（借）	土地	100	（貸）	繰延税金負債	30
				評価差額	70

［B社貸借対照表（評価替え，のれん計上後）］ （単位：千ドル）

借方	金額	貸方	金額
現金預金	500	負債	260
土地	300	繰延税金負債	30
その他資産	200	資本金	300
		利益剰余金	340
		評価差額	70

2　B社損益計算書（換算）

	外貨建（単位：千ドル）	換算レート	円建（単位：千円）		外貨建（単位：千ドル）	換算レート	円建（単位：千円）
売上原価	300	(※2)95	28,500	売　上	500	(※2)95	47,500
当期純利益	200	(※2)95	19,000				

（※2）　収益および費用は期中平均レートで換算します。

3　B社株主資本等変動計算書（換算）

		外貨建（単位：千ドル）		円建（単位：千円）	外貨建（単位：千ドル）		円建（単位：千円）
		資本金	換算レート	資本金	利益剰余金	換算レート	利益剰余金
前期末残高		300	100	(※3)30,000	140	100	14,000
当期変動額	当期純利益	—	—	—	200	95	(※4)19,000
当期末残高		300	100	30,000	340	—	33,000

（※3）　前期からの繰越し

（※4）　損益計算書において，期中平均レートで換算された額を記載します。

4　B社貸借対照表（換算）

	外貨建（単位：千ドル）	換算レート	円建（単位：千円）		外貨建（単位：千ドル）	換算レート	円建（単位：千円）
現金預金	500	90	(※5)45,000	負　債	260	90	(※5)23,400
土　地	300	90	27,000	繰延税金負債	30	90	(※5)2,700
その他資産	200	90	(※5)18,000	資本金	300	100	(※6, 7)30,000
				利益剰余金	340	—	(※7)33,000
				評価差額	70	100	(※6)7,000
				為替換算調整勘定	—	—	(※8)△6,100

（※5）　資産および負債は決算日レートで換算します。

（※6）　株式の取得時における資本項目については，株式取得時の為替レートにより換算します。

（※7）　株主資本等変動計算書において，算定された期末残高を記載します。

（※8）　在外子会社等の財務諸表換算により生じる為替換算調整勘定△6,100千円（資本金300千ドル＋利益剰余金340千ドル＋評価差額70千ドル）×90円/ドル－（資本金30,000千円＋利益剰余金33,000千円＋評価差額7,000千円）

5　連結修正仕訳

開始仕訳[※9]　(単位：千円)

(借)	資本金	30,000	(貸)	子会社株式	48,000
	利益剰余金	14,000		非支配株主持分	10,200
	評価差額	7,000			
	のれん	7,200			

(※9)　X1年度連結修正仕訳に基づいた開始仕訳

のれんの償却　(単位：千円)

(借)	のれん償却	(※10)684	(貸)	のれん	684

(※10)　支配獲得日に計上されたのれん72千ドルについて，10年間で償却します。
72千ドル÷10年×95円（期中平均レート）＝684千円

非支配株主に帰属する当期純利益の計上　(単位：千円)

(借)	非支配株主に帰属する当期純利益	(※11)3,800	(貸)	非支配株主持分	3,800

(※11)　B社のX2年度ののれん償却前の当期純利益のうち，非支配株主持分対応額を非支配株主持分に振り替えます。
当期純利益200千ドル×20%×95円/ドル＝3,800千円

為替換算調整勘定の非支配株主持分への振替　(単位：千円)

(借)	非支配株主持分	(※12)1,220	(貸)	為替換算調整勘定	1,220

(※12)　為替換算調整勘定のうち，非支配株主持分対応額を非支配株主持分に振り替えます。
在外子会社等の財務諸表換算により生じる為替換算調整勘定△6,100千円×20%＝△1,220千円

のれんに関する為替換算調整勘定の計上　(単位：千円)

(借)	為替換算調整勘定	(※13)684	(貸)	のれん	684

(※13)　72千ドル×9/10×(90円－100円)＋当期償却額72千ドル×1/10×(95円－100円)＝△684千円
のれんは親会社持分に係るものであるため，のれんの換算により生じる為替換算調整勘定は非支配株主持分には振り替えません。

	親会社持分（80%）	非支配株主持分（20%）
在外子会社等の財務諸表換算により生じる為替換算調整勘定	△4,880千円	△1,220千円
のれんの換算により生じる為替換算調整勘定	△684千円	

在外子会社持分に係るヘッジ　（単位：千円）

（借）	繰延ヘッジ損益	3,200	（貸）	為替換算調整勘定	(※14)3,200

（※14）ヘッジ手段である為替予約から生じた為替換算差額を，為替換算調整勘定に含めて処理します。
ヘッジ対象は，B社に対する投資のうち，親会社（A社）持分であることから非支配株主持分には振り替えません。

6　連結損益計算書（X2年1月1日～X2年12月31日）

（単位：千円）

売上原価	(※16)36,500	売上	(※15)57,500
のれん償却	(※17)684		
非支配株主に帰属する当期純利益	(※18)3,800		
当期純利益	(※19)16,516		

（※15）10,000千円＋47,500千円
（※16）8,000千円＋28,500千円
（※17）※10参照
（※18）※11参照
（※19）貸借差額

7　連結包括利益計算書（X2年1月1日～X2年12月31日）

当期純利益	(※20)20,316
その他の包括利益	
為替換算調整勘定	(※21)△3,584
その他の包括利益合計	△3,584
包括利益	(※22)16,732
（内訳）	
親会社株主に係る包括利益	(※23)14,152
非支配株主に係る包括利益	(※24)2,580

（※20）当期純利益16,516千円（※19）＋非支配株主に帰属する当期純利益3,800千円（※18）
（※21）当期に生じた為替換算調整勘定△6,100千円（※8）＋のれんに関する為替換算調整勘定△684千円（※10）＋ヘッジ手段である為替予約から生じた為替換算差額3,200千円（※14）
（※22）当期純利益20,316千円（※20）＋その他の包括利益合計△3,584千円（※21）

(※23) 当期純利益16,516千円（※19）＋為替換算調整勘定のうち親会社持分△5,564千円（※13参照。△4,880千円＋△684千円）＋ヘッジ手段である為替予約から生じた為替換算差額3,200千円（※14）
(※24) 非支配株主に帰属する当期純利益3,800千円（※18）＋為替換算調整勘定のうち非支配株主持分△1,220千円（※12）

8　連結株主資本等変動計算書（X2年1月1日～X2年12月31日）

（単位：千円）

		株主資本			
		資本金	利益剰余金	為替換算調整勘定	非支配株主持分
前期末残高		50,000	20,000	—	10,600
当期変動額	当期純利益	—	(※25)16,516	—	—
当期変動額	当期変動額（純額）	—	—	(※26)△2,364	(※27)2,580
当期末残高		50,000	36,516	△2,364	13,180

(※25) ※19参照
(※26) 為替換算調整勘定のうち，親会社持分△5,564千円（※13参照。△4,880千円＋△684千円）＋ヘッジ手段である為替予約から生じた為替換算差額3,200千円（※14）
(※27) ※24参照

9　連結貸借対照表（X2年12月31日）

（単位：千円）

現金預金	(※29)72,200	負債	(※30)23,400
土地	(※30)27,000	繰延税金負債	(※30)2,700
のれん	(※31)6,232	資本金	(※28)50,000
その他資産	(※30)18,000	利益剰余金	(※28)36,516
		為替換算調整勘定	(※28)△2,364
		非支配株主持分	(※28)13,180

(※28) 連結株主資本等変動計算書を参照
(※29) 27,200千円＋45,000千円＝72,200千円
(※30) B社貸借対照表（換算）を参照
(※31) 開始仕訳7,600千円－のれんの償却684千円（※10）－のれんに関する為替換算調整勘定の計上684千円（※13）

Q5-7 取得予定有価証券に対するヘッジ

Q	予定取引と同様に将来取得予定の有価証券に対してもヘッジ会計を適用できますか。
A	その他有価証券および子会社・関連会社株式に対してはヘッジ会計を適用できますが，それ以外の有価証券に対してはヘッジ会計を適用できません。

解説

■ヘッジ会計が認められない予定取引

金融商品会計実務指針によれば，以下の取引については，ヘッジ会計の処理をすることが認められていません（金融商品会計実務指針169）。

①　将来の外貨建貸付け

②　将来の外貨建借入れ

③　将来の外貨建有価証券の取得（その他有価証券および子会社・関連会社株式を除きます）

為替ポジションの面からすれば，これらの取得時・発生時の為替レート変動リスクによるキャッシュ・フローを固定することを意図したヘッジ取引を行った時点から，外貨建貸付け，借入れまたは有価証券を取得した場合と同様の効果が生じており，ヘッジ取引による損益または評価差額は外貨建貸付金，借入金または有価証券の換算差額と同様に処理すべきと考えられるためです。

例えば，外貨建借入れを行う時の借入円貨額を為替予約等で固定しても，返済期日に支払われる円貨額が確定しない限り，外貨建金銭債権債務である外貨建借入金は，毎決算期に決算日レートで換算され，換算差額が損益処理されることになりますので，為替予約等に係る評価損益についても損益処理されることになります。その結果，これらの予定取引に対してヘッジ会計を適用しても，当該為替予約等の評価損益の計上を繰り延べるにすぎないこととなってしまうからです。

これらの取引について，ヘッジ会計の枠組みのなかにある振当処理も同様に認められません。

なお，上述の理由から，決算日レートでの換算差額が直接純資産の部に計上されるその他有価証券および決算日レートでの換算がなされない子会社および関連会社株式の取得については，予定取引としてのヘッジ会計の適用が認められています。

Q5-8 在外子会社からの配当金

Q	在外子会社からの配当金に対してヘッジ会計を適用できますか。
A	個別，連結ともにヘッジ会計を適用できます。 個別上は繰延ヘッジ損益として，連結上は子会社に対する持分投資をヘッジ対象としてヘッジ指定した場合には為替換算調整勘定として処理されるものと考えられます。

解説

在外子会社からの配当金についてヘッジ手段として為替予約契約を締結し，キャッシュ・フローを固定化して為替変動リスクをヘッジしている場合，連結財務諸表上の会計処理はどうなるでしょうか。

1．個別財務諸表上の会計処理について

在外子会社からの外貨建受取配当金をヘッジ対象とし，為替予約等をヘッジ手段としてヘッジ指定を行っている場合，個別財務諸表上では，為替予約等に係る損益または評価差額を繰延ヘッジ損益として繰り延べる処理が行われます[1]。

1　新日本有限責任監査法人編『ヘッジ会計の実務詳解Q&A』（中央経済社，2017年）244～245頁を筆者一部加工

2．連結財務諸表上の会計処理について

在外子会社からの外貨建受取配当金は，親会社では純損益に計上されますが，子会社では資本取引として，利益剰余金等から直接減額されます。当該受取配当金は，配当決議時の為替相場で換算され，利益剰余金等から減額されるものであるため，連結ベースでの為替差額は，為替換算調整勘定として計上されていることになります（外貨建取引実務指針77）。したがって，通常の損益取引をヘッジ手段とするヘッジ取引とは異なり，連結財務諸表上，子会社に対する持分投資をヘッジ対象として改めてヘッジ指定することで，ヘッジ手段の損益または評価差額を為替換算調整勘定として計上することができるものと考えられます[2]。

Q5-9　子会社株式の追加取得

Q	子会社株式の追加取得により生じた資本剰余金に対してヘッジ会計を適用できますか。
A	子会社株式の追加取得または支配を喪失しない一部売却の場合に，連結財務諸表上計上される資本剰余金は，子会社投資に係る持分を構成せず，ヘッジの対象となり得ないものと考えられます。

解説

1．子会社株式の追加取得・一部売却による資本剰余金の計上

平成25年９月に企業結合に関する会計基準および関連する他の改正会計基準等が見直され，親会社の支配が継続している場合の子会社株式の追加取得や一部売却に伴う親会社持分変動による差額は，のれんや売却損益ではなく資本剰余金として処理されることとなりました。当該改正においては，我が国におけ

2　新日本有限責任監査法人編『ヘッジ会計の実務詳解Q&A』（中央経済社，2017年）245頁を筆者一部加工

る親会社株主の視点を重視するスタンスは維持しつつも，国際的な会計基準との比較可能性を確保するため，親会社の持分変動による差額は，資本剰余金に計上することとされたものです（連結会計基準28から30）。

それゆえ，追加取得時に減少する非支配株主持分相当額と親会社の支払対価の差額，または一部売却時に増加する非支配株主持分相当額と親会社の受取対価の差額は，資本取引として計上される性格を有します。したがって，将来当該子会社が連結グループから外れても，子会社投資に係る持分として計上されていないため，連結グループ内に残ることになるともいえます（資本連結実務指針49-２参照）。

2．子会社株式の追加取得等で生じた資本剰余金がヘッジ対象となるか否か

子会社株式の追加取得または支配を喪失しない一部売却の場合に，連結財務諸表上計上される資本剰余金は，当該子会社が連結除外されたとしても計上され続けるものです（資本連結実務指針49-２）。ゆえに，この資本剰余金は子会社投資に係る持分を構成せず，ヘッジの対象とはなり得ないものと考えられます。

3．為替換算調整勘定への影響

子会社株式の追加取得等による持分変動により為替換算調整勘定残高の親会社株主持分が非支配株主持分へ一部振り替えられます。このため，外貨建取引実務指針第35項に定めがある「子会社に対する持分から発生する為替換算調整勘定」に変動が生じます。当該変動により，同項が定める「ヘッジ手段から発生する換算差額」がヘッジ対象たる「子会社に対する持分から発生する為替換算調整勘定」を超過する額も変動することに留意する必要があります。

なお，当該超過額についてもヘッジ会計は適用できず，純損益処理することとなります。

巻末付録

1 IFRSとの差異一覧

2 Keyword

1 IFRSとの差異一覧

1．対象となる基準

日本基準
「外貨建取引等会計処理基準」（企業会計審議会） 「外貨建取引等の会計処理に関する実務指針」（会計制度委員会報告第４号） 「連結財務諸表における資本連結手続に関する実務指針」（会計制度委員会報告第７号）
IFRS
IAS 第21号「外国為替レート変動の影響」 IAS 第39号「金融商品：認識及び測定」 IFRS 第９号「金融商品」

2．主要な差異

	日本基準	IFRS
機能通貨の決定および機能通貨での記帳	機能通貨という概念はない。	（IAS21.8～12，21） 経営者は，企業が営業活動を行う主たる経済環境等を考慮して機能通貨を決定しなければならない。 外貨建取引を当初認識する場合には，取引日における機能通貨と当該外貨との直物為替レートを用いて，機能通貨で計上しなければならない。
外貨建取引	（外貨建取引会計基準注解（注１）） 売買価額その他取引価額が外国通貨で表示されている取引（円建以外の取引）を指す。	（IAS21.8，20） 機能通貨以外の通貨で表示されているか，またはそれによる決済を必要とする取引を指す。
在外営業活動体の分類	（外貨建取引会計基準二，三） 在外支店と在外子会社等に区別。	（IAS21.8） 報告企業の所在国以外の国または所在国の通貨以外の通貨にその活動の基盤を置く報告企業の子会社，関連会社，ジョイント・アレンジメント

	日本基準	IFRS
		または支店をいう。 日本基準における在外支店と在外子会社等のような区分はない。
在外営業活動体の換算	(外貨建取引会計基準二，三) 在外支店における外貨建取引については，原則として本店と同様に処理する。 〔例外〕 • 収益および費用の換算は，期中平均相場によることができる。 • 非貨幣性項目の額に重要性がない場合，すべての貸借対照表項目（支店における本店勘定等を除く）を決算時の為替相場で円換算できる。この場合，損益項目も決算時の為替相場によることができる。 • 本店と異なる方法により換算することによって生じた換算差額は，当期の為替差損益として処理する。 在外子会社等の資産および負債は，決算時の為替相場により円換算する。 • 親会社による株式取得時における資本に属する項目は，株式取得時の為替相場，株式取得後に生じた資本に属する項目は，当該項目の発生時の為替相場により円換算する。 • 収益および費用については，原則として期中平均相場により円換算する。ただし，決算時の為替相場によることも認められる。なお，親会社との取引による収益および費用の換算につい	(IAS21.44，39，40，41) それぞれの機能通貨による記帳後，在外営業活動体を連結上の表示通貨に換算する。 機能通貨が超インフレ経済下の通貨でない場合，それぞれの機能通貨による記帳後，以下の手続により異なる表示通貨に換算しなければならない。 • 表示される各財政状態計算書の資産と負債は，各報告期間の末日レートで換算する。 • 各包括利益計算書の収益および費用は，各取引日の為替レートで換算する。取引日レートに近似する場合には，期中平均レートが使用されることも多い。 • 上記の結果発生するすべての換算差額は，資本の個別項目として認識される。

	日本基準	IFRS
	ては，親会社が換算に用いる為替相場により円換算し，この場合に生じる差額は当期の為替差損益として処理する。	
在外営業活動体の処分または部分的な処分	（外貨建取引実務指針42，42-2，42-3，資本連結実務指針45，46） 持分変動により親会社の持分比率が減少し，以下が発生する場合には，為替換算調整勘定のうち持分比率の減少割合相当額を株式売却損益として連結損益計算書に計上する。 • 子会社に対する支配の喪失 • 関連会社に対する重要な影響力の喪失 支配の喪失を伴わない子会社の部分的な処分等については，IFRSにおける右記の会計処理と同様の処理が求められる。	（IAS21.48，48A） 在外営業活動体に対する持分が処分され，以下が発生した場合には，累積換算差額の全額が資本から純損益に振り替えられる。 • 子会社に対する支配の喪失 • 関連会社に対する重要な影響力の喪失 • ジョイント・アレンジメントに対する共同支配の喪失 （IAS21.48C） 子会社を部分的に処分したが，支配が継続している場合には，累積換算差額の比例持分を非支配持分に振り替える。 子会社以外の部分的な処分については，累積換算差額の比例持分を資本から純損益に振り替える。
在外営業活動体に対する純投資	在外営業活動体に対する純投資から発生する為替差額に関する個別規定はない。したがって，報告企業の貨幣性項目について生じる為替差額は，個別財務諸表上および連結財務諸表上ともに損益として処理される。	（IAS21.32） 在外営業活動体に対する報告企業の純投資の一部を構成する貨幣性項目について生じる為替差額は，個別財務諸表上は純損益として処理されるが，連結財務諸表上は資本の個別項目として認識され，純投資の処分時に純損益へ振り替えられる。
為替予約	（外貨建取引会計基準注解（注6，7）） 外貨建金銭債権債務等に係る為替予約等の振当処理も当面の間，認	（IAS39またはIFRS9） ヘッジ会計の適用につき，振当処理は認められていない。

	日本基準	IFRS
	められる。	
超インフレ会計	超インフレ会計に関する包括的な定めはない。	(IAS21.42) 機能通貨が超インフレ経済下の通貨の場合，以下の手続により異なる表示通貨に換算しなければならない。 • すべての金額（超インフレとなる通貨に換算される場合には比較年度の資産，負債，資本，収益および費用を含む）は，直近の報告期間の末日のレートで換算しなければならない。

2 Keyword

あ

NDF

為替予約とは異なり現地通貨での受渡しは発生せず，約定した先物レートと一定期日の決済レートとの差額を米ドル等の主要通貨で決済する先物取引をいう。

か

外貨建金銭債権債務

契約上の債権額または債務額が外国通貨で表示されている金銭債権債務をいい，外貨預金等を含むが，外貨により授受された前渡金および前受金は含まれない。

また，外貨建未収収益および未払費用は，為替換算上は外貨建金銭債権債務に準ずるものとして取り扱われる。

外貨建取引

外貨建取引の範囲は，「売買価格その他取引価額が外国通貨で表示されている取引」と定義されており，以下の取引が外貨建取引として例示されている。

- 取引価額が外国通貨で表示されている物品の売買または役務の授受
- 決済金額が外国通貨で表示されている資金の借入れまたは貸付け
- 券面額が外国通貨で表示されている社債の発行
- 外国通貨による前渡金，仮払金の支払または前受金，仮受金の受入れ
- 決済金額が外国通貨で表示されているデリバティブ取引等

仮想通貨

資金決済法第2条第5項に規定する仮想通貨として定義されている。ビットコイン，イーサリアムなどが有名。詳細はQ2-10の解説1を参照。

仮想通貨交換業者

資金決済法第2条第8項に規定する仮想通貨交換業者であり，内閣総理大臣の登録を受けた者。bitFlyer，コインチェックなどが有名。

仮想通貨販売所

仮想通貨交換業者または外国において仮想通貨の売買もしくは他の仮想通貨との交換，またはそれらの行為の媒介，取次ぎもしくは代理を行う者が仮想通貨取引の相手方となって購入価格または売却価格を提示し，当該購入価格または売却価格での仮想通貨の売買を行う交換市場をいう。

為替換算調整勘定

在外子会社等の財務諸表項目の換算によって生じた，決算時の直物レートで換算される資産および負債項目の円貨額と取得時または発生時の為替レートで換算される資本項目の円貨額との差額をいう。為替換算調整勘定は，在外子会社等の貸借対照表項目の円貨への換算手続の結果発生し，在外子会社等の経営成績とは無関係に発生するものであるため，純資産の部の独立項目として累積することになる。

為替換算調整勘定は，在外子会社等への投資に係る一時差異に該当するため，予測可能な将来，売却の意思決定が明確な場合や投資評価減の損金算入の要件を満たす場合等，一定の要件を満たす場合には，税効果を認識する対象となるので留意が必要である。

為替差損益

外貨建金銭債権債務等に係る決済差損益と換算差損益をいう。

為替予約

将来に一定の価格で外国通貨を売買することを約束する契約をいう。

為替予約型の通貨スワップ

通貨スワップ契約のうち受取円貨額または支払円貨額が為替予約による円貨額と同等と認められるものをいう。

為替予約等の振当処理

外貨建金銭債権債務等に為替予約相場による円換算額を付すとともに，直物為替相場との差額を期間配分する会計処理をいう。

関連会社株式

議決権のある発行済株式総数の20%以上を自己の計算で実質的に保有しているほか，15%以上20%未満であっても，出資，人事，資金，技術，取引等を通じて当該会社の財務，営業，事業の方針の決定に重要な影響を与えることのできる場合の被出資会社（子会社に該当する場合を除く）の株式を指す。

繰延ヘッジ

ヘッジ手段に係る損益または評価差額をヘッジ対象に係る損益が認識されるまで純資産の部において繰り延べる会計処理をいう。

クロスヘッジ

ヘッジ対象と異なる類型のデリバティブ取引をヘッジ手段として用いるヘッジ取引をいう。

決算時の為替レート

決算日の直物為替レートを原則として，決算日前後の為替相場の変動状況から判断して，決算日の直物為替レートが異常と認められる場合にのみ，決算日の前後一定期間の直物為替レートに基づいて算出された平均レートを用いることが認められているが，平均レートを適用した場合には，決算日の直物為替レートと適用した平均レートを財務諸表に注記することが要求されている。

工事進行基準

工事収益総額，工事原価総額，および決算日における工事進捗度を合理的に見積り，これに応じて当期の工事収益および工事原価を認識する方法をいう。工事進行基準によった場合，工事施工中の決算期においては，工事の進捗に応じた工事収益と工事費用を計上することになる。収益認識会計基準適用に伴い廃止。

子会社株式

議決権のある発行済株式総数の過半数を自己の計算で実質的に保有しているほか，40％以上50％以下を自己の計算で保有している場合であっても，実質的に当該会社の意思決定機関を支配していると認められる場合の被支配会社の株式を指す。

さ

在外子会社等の財務諸表項目の換算

在外子会社等の財務諸表項目の換算は以下の手順でなされる。

① 損益計算書を円貨に換算し，円建当期純利益を算出する。

② 円建損益計算書から算出された円建当期純利益を株主資本等変動計算書に計上し，期末剰余金残高を算出する。

③ 貸借対照表を円貨に換算し，株主資本等変動計算書で求められた期末剰余金残高を円建貸借対照表に計上する。

通常は，貸借対照表の貸借が一致しないため，調整項目として為替換算調整勘定を純資産の部の内訳項目として計上する。

在外支店の財務諸表項目の換算

在外支店の財務諸表項目の換算は以下の手順でなされる。

① 貸借対照表項目を採用している換算方法により換算し，円建ての貸借差額を支店の当期純利益とする。

② 損益計算書項目を採用している換算方法により換算し，円建ての貸借差額と，①で算出した円建当期純利益金額との差額を為替差損益として処理する。

再調達原価

購買市場と売却市場とが区別される場合における購買市場の時価に，購入に付随する費用を加算したものをいう。

時価ヘッジ

ヘッジ対象である資産または負債に係る評価差額を当期の損益に反映させ，ヘッジ手段に係る損益と同一の会計期間に認識する会計処理をいう。

直先差額

為替予約等の締結時の直物為替相場と為替予約相場の差額をいう。

直先フラット型の通貨スワップ

通貨スワップ契約のうち通貨スワップ契約時における直物レートと通貨スワップ契約満了時の契約レートが同一である取引をいう。

直々差額

外貨建金銭債権債務等の取得時から為替予約等の締結時までの直物為替相場の変動をいう。

資本連結手続上の資本

在外子会社等の資本連結手続において相殺消去される当該在外子会社等の資本の額は，以下のとおりである。

① 個別貸借対照表上の純資産の部における株主資本
② 個別貸借対照表上の純資産の部における評価・換算差額等
③ 資産および負債の時価と当該資産および負債の個別貸借対照表上の金額との差額（評価差額）

社債発行差金

社債を額面より低い価格で発行した場合の額面との差額のことをいう。

償却原価法

金融資産または金融負債を債権額または債務額と異なる金額で計上した場合において，当該差額に相当する金額を弁済期または償還期に至るまで毎期一定の方法で取得価額に加減する方法をいう。なお，この場合，当該加減額を受取利息または支払利息に含めて処理する。

正味売却価額

売価（購買市場と売却市場とが区別される場合における売却市場の時価）から見積追加製造原価および見積販売直接経費を控除したものをいう。なお，購買市場とは当該資産を購入する場合に企業が参加する市場をいい，売却市場とは当該資産を売却する場合に企業が参加する市場をいう。

その他有価証券

「売買目的有価証券」，「満期保有目的債券」，「子会社株式」，「関連会社株式」のいずれにも該当しない有価証券。

た

タックス・ヘイブン対策税制

所得に対する課税がなかったり，他の国に比較して極めて低い税率での課税をしている国・地域に子会社等を設立し，租税負担の軽減を図ることに対応するため，事業体としての実体を備えておらず，その地域で活動することにつき十分な経済合理性がない場合において，それらの出資者等である内国法人に対して，その子会社等の所得につき合算して課税する旨の規制。

通貨オプション

将来に一定の価格で外国通貨を売買する権利を獲得する契約をいう。

通貨スワップ

異なる外国通貨を相互に交換する契約をいう。

デリバティブ取引

権利義務の価値が基礎数値の変化に対応して変化する契約で，権利義務の価値に基づき純額決済されるものをいう。なお，基礎数値には金利，有価証券価格，商品価格，外国為替相場，信用格付等があり，具体的には先物取引，先渡取引，オプション取引，スワップ取引等が該当する。

匿名組合

当事者の一方（匿名組合員）が相手方（営業者）の営業のために出資をなし，その営業より生じる利益の分配を受けることを約束する契約形態をいう。

独立処理

通常の会計処理により，ヘッジ手段の損益または評価差額と，ヘッジ対象の損益または評価差額をともに当期の損益に反映させる会計処理をいう。

取引発生時の為替レート

取引が発生した日における直物為替レートまたは以下の例示のように合理的な基礎に基づいて算定された平均相場等が認められている。ただし，例示のようなレートを用いる場合，継続して適用することが必要と考えられる。

⑴　直近の一定期間の直物レートに基づいて算出された為替レート
　①　取引の行われた月の前月の直物為替レートを平均したレート
　②　取引の行われた週の前週の直物為替レートを平均したレート
⑵　取引が発生した日の直近の一定の日における直物為替レート
　①　取引の行われた月の前月の末日の直物為替レート
　②　取引の行われた週の前週の末日の直物為替レート
　③　取引の行われた月の当月の初日の直物為替レート
　④　取引の行われた週の当週の初日の直物為替レート

な

荷為替手形

輸出代金決済のために輸出者（売主）が振り出す為替手形に船積書類が添付されたもの。

のれん

子会社に対する投資と子会社の資本のうち親会社持分との差額をいう。

は

売買目的有価証券

時価の変動により利益を得ることを目的として保有する有価証券。

船荷証券（Bill of Lading, B/L）

貿易における船積書類の1つであり，船会社など運送業者が発行し，貨物の引受けを証明し，当該貨物受取りの際の依拠とする書類をいう。

ヘッジ会計

ヘッジ取引のうち一定の要件を満たすものについて，ヘッジ対象とヘッジ手段に係る損益計上のタイミングを合わせることによって，ヘッジの効果を会計に反映させる特殊な会計処理をいう。

ヘッジ会計の終了

ヘッジ対象が消滅した場合やヘッジ対象である予定取引が実行されないことが明らかになった場合に，繰り延べられていたヘッジ手段に係る損益または評価差額を当期の損益として処理することをいう。

ヘッジ会計の中止

ヘッジ対象が引き続き存在している場合で，ヘッジ取引がヘッジ会計の要件を満たさなくなったときに，その時点までのヘッジ手段に係る損益または評価差額をヘッジ対象に係る損益が純損益として認識されるまで繰り延べることをいう。

ヘッジ対象

資産または負債のうち，相場変動等が資産または負債の評価に反映されないもの，または，評価差額が当期の損益に反映されないものをいう。また，ヘッジ手段を利用することによりキャッシュ・フローが固定されその変動が回避されるものも該当する。

ヘッジ取引（ヘッジ手段）

ヘッジ手段を利用して，ヘッジ対象の資産または負債に係る相場変動を相殺，またはヘッジ対象の資産または負債に係るキャッシュ・フローの変動を固定し，ヘッジ対象の損失の可能性を減殺する取引をいう。

包括ヘッジ

企業内部の部門ごと，またはその企業において，リスクの共通する資産または負債等をグルーピングした上で，ヘッジ対象を識別する方法をいう。

保証債務

債務者が債務を履行しない場合に，その債務者に代わって履行をする，債務者以外の者（保証人）の債務をいう。

ま

満期保有目的債券

企業が満期まで保有することを目的としていると認められる社債その他の債券。

未実現損益（未実現利益と未実現損失）

未実現利益とは連結会社間取引において，ある連結会社から他の連結会社へ売却された商品等が，当該他の連結会社において在庫などに計上されている場合に，当該在庫等に含まれる当該連結会社が付けた利益のことをいう。未実現利益は，原則として連結財務諸表の作成プロセスの中で消去される。

対して，未実現損失とは，連結会社間取引において，売手側に売却損失が発生し，かつ買手側の在庫等に計上されている場合に，当該在庫等に含まれる売手側の損失相当額をいう。連結上の処理は未実現利益とは異なり，売手側の帳簿価額のうち回収不能と認められる部分は消去しないこととされている。

や

予定取引

未履行の確定契約に係る取引，または，契約は成立していないが，主要な取引条件が合理的に予測可能であり，かつ，それが実行される可能性が極めて高い取引をいう。

【参考文献】

監査法人トーマツ編『外貨建取引の経理入門』(中央経済社, 2007年)
新日本有限責任監査法人編『ヘッジ会計の実務詳解Q&A』(中央経済社, 2017年)
新日本有限責任監査法人編『図解でスッキリ　外貨建取引の会計入門」(中央経済社, 2016年)
新日本有限責任監査法人編『図解でスッキリ　デリバティブの会計入門』(中央経済社, 2016年)
新日本有限責任監査法人編『会計実務ライブラリー3　金融商品会計の実務』(中央経済社, 2010年)
みずほ総合研究所, プライスウォーターハウスクーパース税理士法人中央青山編『そのままわかる外貨建取引の会計・税務』(東洋経済新報社, 2003年)
有限責任あずさ監査法人編『金融商品会計の実務(第4版)』(東洋経済新報社, 2013年)
有限責任監査法人トーマツ編『トーマツ会計セレクション⑥　外貨建取引会計』(清文社, 2011年)

EY新日本_NotesDB_会計実務Q&A
EY新日本_企業会計ナビ_解説シリーズ_外貨建・在外子会社
EY新日本_研修資料_収益認識基準(案)のポイント解説_会計監理部_H29.11.2
EY新日本_研修資料_収益認識基準個別論点の解説②履行義務の識別.pptx
WEB_iFinance金融情報サイト_金融経済用語集
WEB_野村証券_証券用語解説集

【執筆者紹介】

浦田　千賀子

公認会計士。第２事業部に所属。
主にホテル業，小売業，メディア業等の監査等の他，雑誌への寄稿やセミナー講師も行っている。また，同法人のHP「企業会計ナビ」の編集委員として，会計情報の外部発信業務にも従事。
著書（共著）に，『決算期変更・期ズレ対応の実務Q&A』，『図解でざっくり会計シリーズ１　税効果会計のしくみ（第２版）』（以上，中央経済社）などがある。

兵藤　伸考

公認会計士。第４事業部に所属。
主に卸売業，ソフトウェア業等の監査業務や非監査業務に従事している。主な著書（共著）に『会社法決算書の読み方・作り方（第13版）』（中央経済社）があるほか，雑誌への寄稿などがある。

宮原　宏和

公認会計士。

武藤　光洋

公認会計士。第５事業部に所属。
主に，建設業の監査業務を担当。

山本　浩志

公認会計士。金融事業部に所属。
海運業，製造業，卸売業，SPC等の会計監査業務のほか，上場支援業務や財務デューデリジェンスを経て，現在は銀行業，ソフトウェア業の会計監査業務に従事している。
著書（共著）に『ヘッジ会計の実務詳解Q&A』（中央経済社）がある。

【編者紹介】

EY | Assurance | Tax | Transactions | Advisory

EY新日本有限責任監査法人について
EY新日本有限責任監査法人は，EYの日本におけるメンバーファームであり，監査および保証業務を中心に，アドバイザリーサービスなどを提供しています。詳しくは，www.shinnihon.or.jpをご覧ください。

EYについて
EYは，アシュアランス，税務，トランザクションおよびアドバイザリーなどの分野における世界的なリーダーです。私たちの深い洞察と高品質なサービスは，世界中の資本市場や経済活動に信頼をもたらします。私たちはさまざまなステークホルダーの期待に応えるチームを率いるリーダーを生み出していきます。そうすることで，構成員，クライアント，そして地域社会のために，より良い社会の構築に貢献します。

EYとは，アーンスト・アンド・ヤング・グローバル・リミテッドのグローバルネットワークであり，単体，もしくは複数のメンバーファームを指し，各メンバーファームは法的に独立した組織です。アーンスト・アンド・ヤング・グローバル・リミテッドは，英国の保証有限責任会社であり，顧客サービスは提供していません。詳しくは，ey.comをご覧ください。

現場の疑問に答える会計シリーズ・9
Q&A 外貨建取引の会計実務

2020年2月15日　第1版第1刷発行
2024年6月15日　第1版第3刷発行

編　者　EY新日本有限責任監査法人
発行者　山　本　　継
発行所　㈱中央経済社
発売元　㈱中央経済グループパブリッシング

〒101-0051　東京都千代田区神田神保町1-35
電話　03（3293）3371（編集代表）
03（3293）3381（営業代表）
https://www.chuokeizai.co.jp
印刷／昭和情報プロセス㈱
製本／㈲井上製本所

＊頁の「欠落」や「順序違い」などがありましたらお取り替えいたしますので発売元までご送付ください。（送料小社負担）

ISBN978-4-502-28041-2　C3334